GOUVERNANCE ET PRISE DE DÉCISION

Éditions d'organisation
Groupe Eyrolles
61, bd Saint-Germain
75240 Paris Cedex 05

www.editions-organisation.com
www.editions-eyrolles.com

ISBN : 978-2-212-54953-9

LE CERCLE DE L'ENTREPRISE ET DU MANAGEMENT

GOUVERNANCE ET PRISE DE DÉCISION

Les questions qui dérangent

Ouvrage dirigé par Éric Lamarque

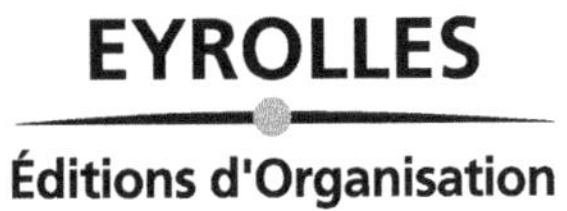

Préface

Le Cercle de l'entreprise et du management regroupe des experts de l'entreprise, tous professeurs d'université ou de grande école.

Sa mission est de promouvoir une meilleure connaissance de l'entreprise dans l'opinion publique comme auprès d'auditoires avertis, en expliquant son fonctionnement, ses objectifs, et les contraintes qu'elle subit. Les membres du Cercle s'expriment au travers d'articles, d'interviews, de chroniques. Puisant sa légitimité dans la totale indépendance de ses membres, le Cercle apporte une contribution à tous les débats sur les questions relatives aux entreprises.

La période d'interrogations fortes autour du rôle et de la légitimité des entreprises a incité le Cercle à proposer son analyse sur les sujets majeurs auxquels ces dernières, dans leur management, sont actuellement confrontées.

Le grand public et donc les médias, ou, pourrait-on dire, les médias donc le grand public, se sont emparés, avec une vigueur redoublée depuis le début de la crise, des questions touchant à la gouvernance de l'entreprise. Derrière ce terme se profilent de nombreux thèmes : les relations entre un conseil d'administration et le président, les libertés des présidents, la question de leur rémunération, les pouvoirs véritables des actionnaires, la nature des relations entre l'entreprise et ses parties prenantes internes (salariés) comme externes (clients, fournisseurs, pouvoirs publics, collectivités territoriales). À cette liste s'ajoute la hiérarchie des objectifs de l'entreprise et notamment la place qu'y occupe la valeur financière.

Les membres du Cercle, à la lumière des tendances et travaux les plus récents, apportent dans cet ouvrage leur contribution sur tous ces sujets.

Le Cercle de l'entreprise et du management tient à remercier Charles de FROMENT pour sa contribution à l'élaboration de l'ouvrage.

Jean-Pierre HELFER
Ancien directeur général Audencia Nantes
Professeur à l'IAE de l'université de Paris
Président du Cercle de l'entreprise et du management

Table des matières

LISTE DES AUTEURS XIII

INTRODUCTION XVII

PREMIÈRE PARTIE

LA PERSPECTIVE DE LA PRISE DE DÉCISION

Chapitre 1

LES DIRIGEANTS OUBLIENT-ILS LE LONG TERME ? 3

Quand la gestion prime sur la vision 4

Et pourtant, les plans dits stratégiques ne manquent pas 8

Pour un dirigeant visionnaire 9

La vision stratégique : quid *?* 10

Susciter la coopération active à cette vision : comment ? 11

Chapitre 2

LES DIRIGEANTS INTÈGRENT-ILS VRAIMENT LE DÉVELOPPEMENT DURABLE ? 15

Et pourtant, tous ces Cassandre ont tort... : ça marche déjà ! 17

Comment aller plus loin ? 21

Développement durable et réduction des coûts 22

Vendre des fonctionnalités plutôt que des biens 23

Le rôle central de l'innovation technologique 24

Chapitre 3

LES DIRIGEANTS ONT-ILS OUBLIÉ LA CITÉ ? 27

La mondialisation des entreprises au service de la cité 30

Perception locale et effets globaux 30

Le partage de la valeur ajoutée : les raisons d'un malentendu 32

La cité, partie prenante qui doit se faire entendre 34

L'entreprise et ses salariés : comment s'inspirer du modèle allemand ? .. 35

Maintenir et développer l'employabilité de ses salariés 36

Les entreprises, leur territoire et les élus locaux : à la recherche de nouvelles synergies 38

DEUXIÈME PARTIE

L'ACCOMPAGNEMENT DE LA PRISE DE DÉCISION

Chapitre 4

LES DIRIGEANTS N'ENTENDENT-ILS QUE L'ACTIONNAIRE ? 43

L'origine de la critique 43

L'arbitrage à court terme de l'actionnaire : une tendance naturelle… ... 44

… mais potentiellement dangereuse et contre-productive 44

Des choix court-termistes encouragés par la financiarisation de l'économie 45

Les réponses données par le management 47

Les limites classiques au pouvoir des actionnaires (et leur insuffisance) 47

Stakeholder vs shareholder *: la nécessaire prise en compte de l'ensemble des parties prenantes* 48

Opacité = danger 50

Un nouveau formalisme institutionnel dans les grandes entreprises 51

Quelles pistes d'évolution ? 53

Chapitre 5

LES DIRIGEANTS SONT-ILS VRAIMENT CONSEILLÉS ? 55

Missions du conseil et composition requise 57

Les bonnes pratiques relatives à la composition des conseils 59

Dualisme : les limites du modèle britannique 62
Indépendance et compétence : les combiner plutôt que les opposer 63
Former les administrateurs indépendants 65
Fournir aux administrateurs une information de qualité 66
Structurer le processus de réflexion stratégique 67
Concevoir l'évaluation des travaux du conseil comme un levier de performance 67

Chapitre 6

LES DIRIGEANTS PRENNENT-ILS TROP DE RISQUES ? 69

Une perception délicate de la relation entre le risque et la rentabilité espérée 70
Savoir évaluer le risque : est-ce envisageable ? 71
La pression sur la rentabilité 72
Aurait-on pu éviter cette situation ? 75
Que peut-on faire ? 77

TROISIÈME PARTIE

LA SUPERVISION DE LA PRISE DE DÉCISION

Chapitre 7

LES DIRIGEANTS SONT-ILS RÉELLEMENT CONTRÔLÉS ? 85

L'indépendance en question 89
Les comités d'audit en question 91
Les modalités de la sanction en question 94
Concilier indépendance, compétence et relations de confiance entre administrateurs et dirigeants 95
Conseil et contrôle : une équation compliquée à résoudre 96

Chapitre 8

LES DIRIGEANTS FONT-ILS L'OBJET DE SANCTIONS ADAPTÉES ? 97

Lier sanctions et responsabilités 97
Dénoncer les sanctions inefficaces 100

Renforcer la répression pénale ? 101
Nommer des administrateurs indépendants 103
Élargir le préjudice réparable 105
Réguler le marché : organes de régulation et *class actions* *107*
Généraliser le système du *comply or explain* ? 109

Chapitre 9

LES DIRIGEANTS SONT-ILS TROP PAYÉS ? 113

De qui s'agit-il ? 113
De quoi s'agit-il et de combien ? 116
Pourquoi ce rejet par l'opinion ? 118
Le risque 120
Le marché 120
Le talent 121
Les patrons sont-ils « bien » payés ? 123
Réguler les stock-options si on veut les sauver 123
Privilégier le long terme 124
Bannir les effets d'aubaine 125
Alors, trop payés les patrons ? 126

QUATRIÈME PARTIE

NOS PROPOSITIONS

Question 1 : les dirigeants oublient-ils le long terme ? 131
Question 2 : les dirigeants prennent-ils réellement en compte le développement durable ? 132
Question 3 : les dirigeants ont-ils oublié la cité ? 132
Question 4 : les dirigeants n'entendent-ils que l'actionnaire ? 132
Question 5 : les dirigeants sont-ils vraiment conseillés ? 133
Question 6 : les dirigeants prennent-ils trop de risque ? 133
Question 7 : les dirigeants sont-ils réellement contrôlés ? 134
Question 8 : les dirigeants font-ils l'objet de sanctions adaptées ? 134
Question 9 : les dirigeants sont-ils trop payés ? 135

BIBLIOGRAPHIE 137

INDEX 139

LES MEMBRES DU CERCLE DE L'ENTREPRISE ET DU MANAGEMENT 141

Liste des auteurs

Jean-Pierre Boisivon est licencié en droit et es sciences économiques, diplômé de l'Institut d'études politiques de Paris, docteur es sciences économiques, agrégé des sciences de gestion. Professeur émérite à l'université Paris 2 Panthéon-Sorbonne, ancien directeur général du groupe ESSEC, ancien délégué général de l'institut de l'entreprise. Il est également président du CORA (Conseil d'orientation et de réflexion de l'assurance) et conseiller du président de la FNEGE (Fondation nationale pour l'enseignement de la gestion de l'entreprise).

Jérôme Caby est directeur général d'ICN Business School Nancy-Metz depuis mai 2009. Auparavant, il était professeur des Universités à l'IAE de Paris, Université Paris 1 Panthéon-Sorbonne, dont il assurait également la direction, après avoir été en poste à Nancy et Bordeaux. Il est spécialiste de finance, a publié de nombreux articles dans des revues scientifiques et six ouvrages en tant qu'auteur ou coordinateur. Il est directeur de collection chez Pearson Éducation.

Alain Couret est professeur de droit privé et de sciences criminelles à l'École de droit de la Sorbonne (Université Paris I). Il est également avocat associé d'un grand cabinet d'affaires dans lequel il assume la responsabilité du *knowledge management* et anime des activités d'arbitrage. Il est l'auteur, seul ou en collaboration, d'une vingtaine d'ouvrages et d'une centaine d'articles consacrés au droit des sociétés commerciales et au droit financier. Il est membre du Comité juridique de l'association nationale des sociétés par actions et membre d'une Commission consultative de l'AMF.

Stéphanie Dameron est professeur de stratégie à l'Université Paris Dauphine. Elle dirige la chaire « Intelligence économique » et le master « Politique générale et stratégie des organisations ». Spécialiste des questions de transformation des organisations et des processus stratégiques, elle a été distinguée pour ses travaux par la Strategic Management Society, l'European Academy of Management, et l'Association internationale de management stratégique.

Philippe Dessertine est agrégé en Sciences de gestion, docteur habilité à diriger des recherches, professeur de finance à l'Université Paris Ouest Nanterre La défense et directeur de l'Institut de haute finance à l'IFG. Il est l'auteur d'ouvrages et d'articles sur l'information financière ainsi que d'essais sur l'analyse de la crise financière. En 2009, il a été membre de la Commission du grand emprunt présidée par Alain Juppé et Michel Rocard.

Éric Lamarque[1], docteur et agrégé en Sciences de gestion est professeur à l'Université Montesquieu Bordeaux 4 où il dirige la chaire « Management des entreprises financières » et le master Management financier. Auteur ou coordonnateur de plusieurs articles et ouvrages sur la gestion et le management des banques, il intervient aussi auprès des directions générales d'établissements financiers en tant que Consulting Partner du cabinet de conseil SECOR Europe. Il est également administrateur de sociétés et de fondations.

1. Le coordonateur de cet ouvrage tient à remercier Jérôme Caby et Lucien Rapp pour leur aide dans la relecture et pour les commentaires.

Bernard de Montmorillon est professeur à l'université Paris-Dauphine, qu'il a présidée de 1999 à 2007. Il enseigne et publie en stratégie, organisation et GRH et a dirigé dans ces champs une trentaine de thèses. Ses centres d'intérêt le conduisent à analyser les modèles d'affaires qui caractérisent l'économie de l'immatériel ainsi qu'à explorer les dimensions de « l'active coopération » des collaborateurs dans la création de valeur. Il dirige le Master management des ressources humaines et participe au conseil scientifique de la chaire « Hommes et Société » du Collège des Bernardins.

Christine Pochet est professeur agrégée de sciences de gestion et directeur de l'IAE de Paris où elle enseigne le contrôle de gestion et la gouvernance d'entreprise. Ancienne élève de l'École normale supérieure de Cachan, elle est titulaire d'un doctorat en Sciences économiques de l'Université Paris-Dauphine. Ses centres d'intérêt en matière de recherche concernent la gouvernance d'entreprise ainsi que la régulation comptable et de l'audit.

Bernard Ramanantsoa est professeur de Stratégie au sein d'HEC dont il est aujourd'hui le directeur général. Ses travaux de recherche portent essentiellement sur le lien entre les stratégies des entreprises et leur identité. Il a par ailleurs été conseiller auprès de plusieurs directions générales de grands groupes industriels et a travaillé en particulier avec McKinsey.

Agrégé de droit public, **Lucien Rapp** enseigne le droit public des affaires à l'Université Toulouse1-Capitole. Il est également avocat au Barreau de Paris et exerce dans un cabinet international dont il est l'un des associés. Lucien Rapp est l'auteur de plusieurs ouvrages sur la gouvernance des entreprises publiques, le droit et l'organisation de la vie des affaires. Son dernier ouvrage est consacré aux fonds souverains. Il publiera à la fin de l'année 2011, aux Presses Universitaires de France, en collaboration avec Alain Couret, un petit ouvrage d'initiation aux « 100 mots de la gouvernance ».

Introduction

Sommes-nous confrontés à une crise de la gouvernance d'entreprise? À en croire les médias, c'est assurément le cas. Même s'il faut se méfier d'une information qui privilégie parfois le spectaculaire sur le fond, les événements rapportés ces derniers mois par les journalistes révèlent un malaise profond. Comment comprendre et interpréter autrement la multiplication de conflits sociaux particulièrement durs, marqués par des séquestrations de dirigeants, la généralisation de comportements d'incivilité ou même violents de la part de clients exaspérés dans les agences bancaires? Si on ajoute à cela le manque de confiance des salariés face à leur hiérarchie, leur perte de repères dans le travail qui peut, comme l'a tragiquement souligné l'actualité de ces derniers mois, les conduire à se suicider sur le lieu même de leur travail, la crise de la gouvernance semble réellement grave. Au-delà des institutions ou des procédures, elle atteint la substance même de l'entreprise et se transforme en une crise de confiance grave dans le marché et la libre entreprise.

Cette crise diffuse semble également manifeste si l'on s'intéresse, dans un autre registre, aux pertes enregistrées par les banques d'investissement, aux difficultés de grands groupes industriels, aux règles d'attribution des bonus: les mécanismes de gouvernance n'ont-ils pas failli à endiguer le développement des pratiques destructrices de valeur des dirigeants et de leurs arbitrages rentabilité-risques déséquilibrés ?

L'explication le plus souvent donnée est la suivante : le contrôle des risques étant de la responsabilité du conseil d'administration et ces risques n'ayant pas été, à l'évidence, correctement évalués, c'est bien la gouvernance qui a fait défaut. L'analyse des faillites spectaculaires de Lehman Brothers ou de Bear Stearns va en tout cas dans ce sens mais également l'attitude d'une société comme BP après l'incident de l'année passée. L'heure est donc à la mise en cause de l'efficacité des formes actuelles de la gouvernance d'entreprise, considérée comme l'une des raisons principales des crises que nous traversons (financière, économique, alimentaire, sanitaire…).

Pourtant plusieurs études récentes conduisent à nuancer ce sentiment apparemment général. Selon ces dernières, la gouvernance des établissements financiers ne serait pas plus mauvaise que celle des firmes non financières. Elles montrent au contraire que les banques qui ont fait l'objet du plan de sauvetage américain (TARP – *Troubled Asset Relief Program*) avaient un conseil d'administration plus indépendant que les autres et que les administrateurs des banques sont comparativement moins bien rémunérés que ceux des autres établissements. Les banques avec les conseils d'administration les plus indépendants ont enregistré les plus mauvais résultats et ont procédé à des dévalorisations d'actifs plus importantes. On a également constaté que celles dont les conseils d'administration étaient les plus *shareholder-friendly* ainsi que celles qui sont installées dans les États les plus régulateurs ont connu les plus mauvaises performances pendant la crise. Enfin, une étude montre que les trente-sept entreprises (dont vingt dans le domaine de la finance) qui ont été exclues du S&P 500 en 2008 n'avaient pas de problèmes particuliers de gouvernance.

Aborder la question de l'existence d'une crise de la gouvernance d'entreprise, objectivement, en se débarrassant des préjugés et des passions, grâce à la connaissance approfondie de nombreuses entreprises, est donc plus que jamais nécessaire. Sans une telle démarche, les réponses apportées risquent bien de manquer leur cible ou de se révéler contre-productives. Les développements qui suivent, confiés à des experts de l'entreprise, tentent de répondre à neuf questions constamment posées, sous une forme ou sous une autre, dans le débat public. Ces neuf questions ont été articulées autour de trois dimensions fondamentales de la prise de décision : la perspective de la prise de décision, l'accompagnement de la prise de décision et la supervision de ces décisions.

- *La perspective de la prise de décision* apparaît aujourd'hui clairement tournée vers le court terme, l'immédiateté du résultat, marquée par l'absence de prise en compte des intérêts des parties prenantes externes à l'entreprise et de la société en général. Trois questions reviennent régulièrement à ce sujet. *Les dirigeants oublient-ils le long terme ? (chap. 1).* Alors que des réflexions sont conduites au niveau des instances dirigeantes pour formuler une vision, des plans stratégiques, rien dans leurs décisions les plus visibles (au niveau de leur formulation comme de leur mise en œuvre) ne nous permet de bien comprendre les orientations fondamentales des entreprises qu'elles pilotent. Se pose ensuite la question de la nature de leurs décisions. Dans le contexte actuel, le développement durable constitue une thématique incontournable. Mais, à supposer que ce concept puisse être bien cerné, la prise en compte de ses dimensions les plus importantes (gouvernance, attention portée aux problèmes environnementaux et sociaux) n'est pas toujours bien visible : *les dirigeants intègrent-ils réellement le développement durable ? (chap. 2).* Enfin le regard porté par le public sur les délocalisations, les réductions d'effectif, les efforts demandés sur les salaires amène à se demander si *les dirigeants oublient la cité ? (chap. 3).*
- On a souvent relevé la solitude dans laquelle un dirigeant pouvait se retrouver à des moments déterminants de la vie de

l'entreprise. À y regarder de plus près, il opère sous l'influence de divers acteurs qui le conduisent à composer avec des intérêts divergents. *Leur accompagnement* est donc un facteur déterminant de la prise de décision. Parmi les acteurs clés, les actionnaires occupent un rôle central. Sont-ils d'ailleurs vraiment entendus, suivis et jusqu'où influencent-ils la prise de décision ? En d'autres termes, *les dirigeants n'entendent-ils que l'actionnaire ? (chap. 4)*. La réponse à cette question en appelle immédiatement deux autres qui font débat. On peut attendre de l'actionnariat et surtout de ses représentants au niveau des conseils d'administration qu'ils apportent des éléments de conseil au dirigeant. Des administrateurs externes à l'entreprise et à l'actionnariat sont parfois sollicités pour apporter leur expertise. *Les dirigeants sont-ils réellement conseillés (chap. 5)* au moment de leur prise de décision ? Cette interrogation est particulièrement déterminante lorsqu'on s'intéresse au niveau de risque pris. L'idée de conseil, à connotation positive, est proche d'une autre, plus négative, d'influence ou d'incitation, qui devient problématique lorsqu'on parle de risques. Mais cette notion elle-même est difficile à cerner, à évaluer et à intégrer au moment des choix effectués. En définitive, *les dirigeants ne prennent-ils pas trop de risques ? (chap. 6)*.

- La dernière thématique est celle de *la supervision des dirigeants*. Derrière ce thème trois considérations assez polémiques occupent le devant de la scène. Leur contrôle tout d'abord : à côté du rôle de conseil évoqué précédemment, l'actionnariat et surtout le conseil d'administration ou de surveillance doivent l'assumer en priorité. Les observateurs ont plutôt relevé l'impunité dans laquelle certaines décisions étaient prises. La sanction ensuite : dans le prolongement logique de l'attention portée sur le contrôle, on a relevé que les révocations, lorsqu'elles existent, sont plus tardives et favorables financièrement aux dirigeants démis de leurs fonctions. *Les dirigeants sont-ils vrai-*

ment contrôlés ? (chap. 7). Les dirigeants font-ils l'objet de sanctions adaptées ? (chap. 8). Deux questions qu'il convient d'aborder de façon objective et dépassionnée. En forme de conclusion, il convenait de réfléchir à la question de la rémunération, cet indicateur en dernière analyse de la performance associée aux décisions prises. Le rappel incessant des disproportions en la matière avec la masse des collaborateurs laisse sous-entendre que certaines limites ont été dépassées. Comment formuler ces limites ? Peut-on fixer une rémunération acceptable ? Ou, pour dire les choses plus directement, *les dirigeants sont-ils trop payés ? (chap. 9).*

Une dernière précision cependant. De qui exactement allons-nous parler ? Par dirigeant nous considérons ici à la fois les dirigeants exécutifs des entreprises, membres de comités de direction, mais également les membres des conseils d'administration. Ainsi, nous essaierons d'envisager le rôle et les comportements des principaux acteurs impliqués dans la prise de décision, d'évaluer les reproches qui leur sont adressés, de voir si les dysfonctionnements sont le résultat d'une absence de référentiel précis ou si, au contraire, des principes existent, mais ne sont pas, ou très mal, mis en œuvre.

Afin de contribuer à l'ensemble de ces débats, nous analyserons chaque fois dans le détail ces griefs faits à l'encontre de l'entreprise et de sa gouvernance, pour démêler l'essentiel de l'accessoire d'abord, mais aussi et surtout pour pouvoir formuler quelques préconisations informées et réellement efficaces. Un tableau récapitulatif de nos propositions figure à la fin de cet ouvrage.

PREMIÈRE PARTIE

La perspective de la prise de décision

CHAPITRE 1

Les dirigeants oublient-ils le long terme ?

Stéphanie Dameron

D'un côté, Ambition 2015, Vision 2013... autant de noms de plans stratégiques annoncés dans la presse par les principales entreprises du CAC-40. D'un autre côté, des présentations toujours très sensibles des résultats trimestriels risquant de perturber les investisseurs et le cours de Bourse. Bien souvent ce sont ces dernières annonces qui ont le plus d'impact. Celles des plans stratégiques passent le plus souvent inaperçues et l'opinion a le sentiment que seul, finalement, le court terme compte.

Pourtant, les transformations actuelles des organisations productives sont probablement les prémices d'une évolution radicale de nos modes de production. L'entreprise, en ce début du XXIe siècle, est multipolaire, les centres de décisions sont répartis dans différents territoires ; elle est multiculturelle, ses employés, ses fournisseurs et ses clients sont de différentes origines ; elle est multigénérationnelle – les stages et les formations en apprentissage se généralisent et commencent plus tôt tandis que l'âge de départ à la retraite recule ; elle est enfin éclatée et virtuelle, ses équipes et son encadrement travaillent à distance, utilisant abondamment les technologies de l'information et de la communication à leur disposition.

Cet éclatement de l'unité d'espace et de temps représentative de l'organisation fordienne engendre une complexité de gestion inégalée jusqu'alors. Paradoxalement, cette complexité nouvelle met sur le devant de la scène une discipline ancienne du management, la stratégie. Parfois oubliée à travers les règnes successifs de la production après-guerre, du marketing dans les années 1970 puis de la finance à partir des années 1990, la capacité du management à définir et partager sa vision stratégique avec l'ensemble des parties prenantes revient au centre des préoccupations[1].

QUAND LA GESTION PRIME SUR LA VISION

Cet appel à un retour de la stratégie semble paradoxal, tant la stratégie est par définition au cœur des fonctions des organes de direction. Mais si des voix s'élèvent malgré tout pour rappeler ce rôle fondamental des instances de gouvernance, c'est qu'il semble aujourd'hui malmené.

Ainsi, dans un article paru dans le numéro de la *Harvard Business Review* d'avril 2008 fustigeant les présidents et leurs conseils d'administration, des auteurs, adoptant une tonalité peu commune venant de professeurs de Harvard, jugent essentiel de rappeler ces quelques fondamentaux :

« Les conseils n'ont pas d'autres choix que de faire des heures supplémentaires pour se conformer à [la loi] Sarbanes-Oxley et à d'autres exigences relativement nouvelles de reporting. Pour tenir le rythme, ils surinvestissent dans le travail de comités au lieu de tirer parti du potentiel intellectuel de l'ensemble du conseil afin de traiter des sujets complexes. Au lieu de travailler

1. Une première version de cette analyse a été publiée dans la revue *Sociétal*, en avril 2010, sous le titre « L'impératif stratégique ».

en collaboration avec le management, ils créent ou perpétuent des relations déficientes qui conduisent à sélectionner des administrateurs dans une logique de police de l'entreprise qui appliquent les règles et pistent les erreurs des managers plutôt que des guides qui aident les managers à choisir la bonne direction[1] »

Lorsch, Clark, 2008.

Ces professeurs décrivent donc un univers de dirigeants purs gestionnaires, prisonniers du court terme et éloignés de leur rôle de *leadership*. Il faut dire, à la décharge de ces derniers, que les contraintes qui pèsent sur eux sont plus fortes que jamais. Sans être exhaustives, et encore moins justificatrices, deux explications peuvent être apportées à cette évolution de la gestion des entreprises : l'ouverture des marchés financiers et l'explosion des outils de contrôle interne.

Premièrement, la sophistication croissante des outils financiers, notamment grâce aux travaux des chercheurs, associée à la déréglementation des places boursières, a permis d'ouvrir les marchés des capitaux et de les rendre non seulement plus accessibles mais également plus performants dans leur capacité à fournir des financements toujours plus importants rapportés aux fonds disponibles. Cette évolution, nous la vivons également en tant que particuliers : qui aurait pensé il y a quelques années pouvoir acheter un bien immobilier sans apports, en répartissant son endettement sur une durée qui dépasse les trente ans et sur une assiette toujours plus grande rapportée aux revenus ?

1. « *By necessity, boards are working overtime to comply with Sarbanes-Oxley and other relatively new reporting requirements. To keep pace, they're overemphasizing committee work instead of harnessing the intellectual power of the whole board to deal with complex matters. Instead of working collaboratively with management, they're creating or perpetuating dysfunctional relationships that cast directors as corporate police who enforce rules and trace managers'missteps, rather than guides who help managers choose the right path.* »

Cette transformation de nos marchés financiers a démultiplié la capacité de financement des entreprises, tout en rendant ces dernières plus tributaires de multiples bailleurs de fonds, qui sont parfois déconnectés des exigences de développement sur le long terme d'une organisation productive, quand ils ne sont pas eux-mêmes soumis aux contraintes de rendements à court terme... Bref, ils dépendent au final de particuliers qui arbitrent entre les investissements les plus rémunérateurs pour placer leur argent. Les avantages permis par cet accès facilité aux fonds financiers sont multiples, nous n'y reviendrons pas, ce n'est pas l'objet de notre propos. Cependant, si elle a favorisé la croissance de nombre d'entreprises – et ainsi la création de nombreux emplois –, cette capacité décuplée d'endettement a, dans le même temps, généré des contraintes fortes de remboursement et par là même de rendement. Afin de répondre aux attentes de ces multiples bailleurs, les organisations productives doivent assurer des ratios de résultat d'exploitation sur chiffre d'affaires toujours plus importants, voire, dans certains secteurs, à deux chiffres. Cette pression s'est accompagnée d'une montée en puissance des indicateurs financiers, propres aux résultats de l'entreprise, prenant souvent le pas sur des indicateurs plus centrés sur l'activité comme le taux de productivité ou la part de marché. Elle ne favorise évidemment pas l'arbitrage en faveur de plans stratégiques de long terme sur les considérations court-termistes.

Cette domination croissante des taux de rendement financier de l'entreprise dans l'évaluation de la qualité de gestion d'un dirigeant a eu pour corollaire le besoin de contrôle interne. L'affaire Enron, suivie par la crise Parmalat peu après en Europe, a engendré un renforcement drastique des systèmes de contrôle interne, aux États-Unis notamment à travers la loi Sarbanes-Oxley en 2002, en France avec la loi de sécurité financière en 2003 (loi n° 2003-706 du 1er août 2003, revue en 2005 dans le cadre de la loi Breton n° 2005-842 du 26 juillet 2005). En multipliant les procédures de contrôle et de diffusion de l'information financière et comptable, ces réglementations ont permis de mettre l'accent sur la responsabilité du dirigeant[1]. En revanche, elles raccourcissent les délais de rendus périodiques de documents financiers aux bailleurs de fonds et organes de contrôle ; elles imposent des rythmes plus rapides dans la définition des objectifs et la restitution des résultats et focalisent encore plus les organes de direction de l'entreprise sur le contrôle et le court terme, ce qui explique l'inquiétude des chercheurs de la Harvard Business School.

Ces dirigeants risquent alors de manquer du temps nécessaire pour la réflexion prospective et stratégique. La fonction de pilotage, centrée sur le contrôle et les résultats, certes partie intégrante des fonctions du dirigeant, menace donc de prendre le pas sur sa fonction d'entrepreneur et de stratège, porteur d'une vision.

Cette pression du court terme est particulièrement visible car elle se répercute directement sur les différents échelons hiérarchiques de l'entreprise. L'encadrement doit fournir les informations concernant les résultats suivant des périodicités bien plus courtes. Les objectifs sont définis suivant cette cyclicité raccourcie. Rapportés à l'année, ils peuvent tendre mécaniquement à devenir plus ambitieux et, lorsqu'ils sont associés à des contraintes de remboursement d'un endettement important, devenir difficilement tenables. Par un effet de cascade, la pression des résultats est subie par les employés et les ouvriers jusqu'à l'échelon le plus bas de la hiérarchie.

Soumis à l'obligation d'une amélioration continue de leurs résultats financiers par leurs bailleurs, les dirigeants peuvent être

1. Les chapitres de l'ouvrage « Les dirigeants n'entendent-ils que l'actionnaire ? », « Les dirigeants sont-ils réellement contrôlés ? » et « Les dirigeants font-ils l'objet de sanctions adaptées ? » traitent cette question plus en profondeur.

tentés d'être plus gestionnaires que visionnaires et de s'en tenir aux exigences de court terme. Sans vision, c'est le temps court, rapide, qui prédomine dans les organisations productives.

ET POURTANT, LES PLANS DITS STRATÉGIQUES NE MANQUENT PAS

Si cette pression financière a effectivement changé en partie le vécu quotidien des entreprises, elle seule ne peut permettre de rendre compte des mutations que vivent nos organisations productives. Moins dans le court que le moyen terme, les instances dirigeantes doivent aussi accompagner les transformations des espaces concurrentiels liées à la mondialisation de leurs marchés. Ce changement d'espace est porté par une autre transformation, radicale et qui s'accélère, celle de la prégnance croissante d'un monde virtuel qui met en réseau et développe les échanges au sein d'équipes autrefois séparées par la distance géographique.

L'accompagnement des révolutions technologiques et les changements d'espaces concurrentiels qui s'ensuivent conduisent premièrement à une vague de réformes dans les organisations, réformes qui semblent ne jamais cesser. Tout salarié peut en témoigner : les organigrammes n'ont pas le temps d'être formalisés qu'une nouvelle réorganisation est annoncée.

Deuxièmement, et en corollaire, la chrono-compétition oblige à aller toujours plus vite que ses concurrents. Cet impératif d'innovation technologique pousse à renouveler les modalités d'organisation du travail ainsi que la nature des connaissances et compétences portées par les salariés, toujours plus qualifiés. Dans l'automobile par exemple, le raccourcissement des délais d'innovation et la fréquence accrue du lancement de nouveaux véhicules exercent une pression très forte sur les équipes en charge du développement de ces innovations. Le moyen terme devient ainsi dominant dans le temps de l'innovation ou du projet où l'opérationnel n'est plus centré sur une tâche mais sur une mission.

Pour accompagner cette (r)évolution de l'espace-temps des organisations productives, les plans stratégiques, très critiqués au début des années 1990, sont revenus en force depuis le début des années 2000. Par cet artifice, les dirigeants cherchent justement à dépasser la contrainte du court terme pour orienter leur organisation vers des objectifs de moyen terme afin d'orienter les capacités d'innovation et de finaliser les actions entreprises.

Ainsi, les plans n'ont pas manqué dans nos grandes entreprises, Excellence 2008, Contrat 2009, CAP2010, Ambition 2015..., et ils n'ont jamais été aussi diffusés et visibles, structurant largement les actions de chacun. Ils fixent les objectifs en termes de croissance de la marge opérationnelle et du chiffre d'affaires, ce qui permet d'orienter de manière claire le pilotage de l'entreprise.

Certes, mais ces plans ne remplacent pas une vision stratégique.

POUR UN DIRIGEANT VISIONNAIRE

Dans ce contexte de transformation radicale de nos organisations, placer la réflexion stratégique au cœur de l'entreprise permet de réintroduire de la permanence. Il s'agit de mettre l'accent sur les stratégies de long terme, avec le retour de la prospective, pour se projeter dans les futurs possibles et anticiper au mieux les besoins d'innovation. La vision stratégique introduit un temps calme, long, qui peut permettre une meilleure acceptation des évolutions rapides des processus organisationnels. Ce besoin de permanence nécessite une certaine stabilité des instances de direction, stabilité parfois peu respectée. Après avoir précisé le contenu de cette vision, on montrera en quoi l'adhésion des membres d'une organisation à cet horizon à long terme ne peut cependant être décrétée ; quelques propositions visant à favoriser cette adhésion seront ensuite formulées.

La vision stratégique : *quid* ?

La notion de vision stratégique est une notion complexe, polysémique, qui a d'ailleurs fait l'objet de plusieurs travaux académiques. Elle marque la spécificité de l'entreprise à trois titres :

- *son modèle économique* : la vision porte sur les fondements de la différenciation de l'entreprise sur ses marchés. Elle oriente l'articulation rentable de ses ressources et compétences. Les dirigeants d'Otis se définissent ainsi comme « des fabricants d'ascenseurs, escalators et trottoirs roulants ». Mais ils indiquent aussi que, « pour les architectes et entrepreneurs, les promoteurs et les propriétaires, Otis est un *people mover* » et doit « être le leader incontesté en termes de service parmi l'ensemble des entreprises – et pas seulement dans [son] secteur » afin d'« inspirer à [ses] clients une totale confiance grâce à un service exceptionnel » et remporter de la sorte tous les contrats (source : *www.otis.com*). Ils précisent là l'espace concurrentiel de leur entreprise et explicitent ses sources de compétitivité. En se qualifiant de « *people mover* », et non de simple fabricant d'ascenseurs, Otis ouvre le champ des potentialités d'innovation tout en se donnant un espace de contraintes ;
- *son ancrage identitaire* : la vision d'entreprise s'appuie sur ce qui constitue la raison d'être de l'activité de l'entreprise, ce que certains appellent la mission. C'est ainsi que, quarante ans après le « double projet économique et social » lancé par Antoine Riboud, Danone formule le sens de son activité et ainsi son identité de la manière suivante : « Partout dans le monde, faire

grandir, mieux vivre et s'épanouir les hommes en leur apportant chaque jour une alimentation meilleure, des goûts plus variés, des plaisirs plus sains » (source : *www.danone.com*). En participant à la définition d'un ensemble de valeurs, croyances et normes de comportements, la vision stratégique est source d'intégration sociale, même si c'est avec une intensité inégale, au sein des équipes, ces dernières étant par ailleurs composées de membres d'origines de plus en plus diverses ;

- *son état futur* : en définissant l'état futur souhaité par l'organisation, sur des bases plus larges qu'un positionnement sur des marchés ou des objectifs de rentabilité, la vision peut donner sens aux multiples bifurcations et évolutions que peut connaître toute organisation.

C'est seulement ensuite que la vision se décline en buts stratégiques (être numéro 1 en Europe, être le plus rentable) et, année après année, en objectifs financiers. Définir la vision nécessite de distinguer le stratégique du tactique, l'horizon du chemin.

Deux écueils cependant demeurent. Le risque du vœu pieu : la vision n'est utile que si elle oriente l'action ; si sa formulation est uniquement de l'ordre du discours institutionnel, elle risque *a contrario* d'être source de malaise. Le risque de l'enfermement : la vision nécessite une formulation suffisamment ouverte pour laisser la place à l'émergence et au champ des possibles ; elle doit porter le potentiel d'innovation de l'entreprise et non le restreindre.

Si l'exercice est difficile, il reste néanmoins plus qu'utile, nécessaire.

Susciter la coopération active à cette vision : comment ?

Pour réconcilier les impératifs des différentes parties prenantes et réintroduire un sentiment de permanence dans les entreprises, les réflexions esquissées plus haut se sont concentrées sur le contenu, le « quoi » de la réflexion à long terme dans les entreprises. Elles nous conduisent naturellement à la question de la mise en œuvre, du « comment », et ainsi aux suggestions suivantes :

- placer l'exercice de prospective au cœur de l'activité stratégique. Dans un monde en mouvement, la réflexion à très long terme, la capacité à s'imaginer des futurs possibles, des « futuribles », dans lesquels l'entreprise jouerait un rôle actif est une des fonctions clés du management, fonction souvent méconnue du grand public, parfois peu partagée dans les entreprises. Les cellules d'innovation, de veille ou encore de prospective sont des modes de coordination intéressants pour mener à bien cet exercice ; elles peuvent être temporaires, *ad hoc*, réunir des départements qui ont peu l'habitude de travailler ensemble. Elles existent souvent, mais leur travail reste encore trop méconnu et parfois mal relayé dans les discours des instances de direction ;
- assurer l'alphabétisme de la stratégie. La capacité de compréhension par les différentes parties prenantes des enjeux et défis que doit affronter toute entreprise est essentielle ; sans les clés de compréhension des modes de fonctionnement d'une entreprise et de ses impératifs stratégiques, il est difficile pour ses parties prenantes d'adhérer à des transformations qui peuvent paraître de prime abord brutales, voire injustes, et pourtant fondamentales pour assurer la survie de l'organisation concernée. Cette compréhension des fondamentaux de la gestion d'une organisation productive semble encore peu partagée si on en croit les résultats du dernier questionnaire administré par la FNEGE et le Cercle de l'entreprise et du management (voir *www.fnege.net*). Cette mission incombe tout particulièrement aux professeurs et aux journalistes ;
- faciliter la décentralisation de la réflexion stratégique. Cette suggestion arrive en corollaire du précédent point. Le développement de nouveaux modèles d'affaires fondés sur le service et

l'immatériel donne un rôle nouveau au client qui participe à la construction de la prestation de service. Les strates en contact avec ce client-acteur, du management intermédiaire jusqu'au niveau le plus opérationnel, sont au cœur de la création de valeur, et sont par là même des stratèges en puissance. La stratégie n'est alors plus seulement le lieu de la direction générale : elle consiste moins à travailler aux grandes opérations de croissance, de recentrage ou de repositionnement, qu'à participer à la co-construction de valeurs en contact avec le client. Cette révolution copernicienne du champ de la stratégie oblige à repenser à la fois son enseignement, le rôle de la direction générale comme chef d'orchestre de ces différentes partitions stratégique ainsi que les modes d'intervention des cabinets de conseil en stratégie ;

- mettre en évidence la cohérence entre les initiatives stratégiques et les fondamentaux de l'identité d'entreprise. La décentralisation de la stratégie rend encore plus nécessaire la coopération active des membres de toute organisation productive. Pour susciter cette adhésion au projet commun, il s'agit de maîtriser l'exercice difficile de l'articulation entre permanence et changement. Plus une entreprise est en mouvement, « agile », diront certains, plus elle prend appui sur une histoire, des valeurs, une identité commune ; c'est le fameux *common purpose* cher à Barnard (un des fondateurs de la théorie des organisations dans les années 1930), difficile à traduire en français, sorte de socle commun sur lequel les différentes parties prenantes à ce changement continu se retrouvent dans une logique de permanence. Les dirigeants d'Apple l'ont bien compris ; cette entreprise a su construire une identité très forte, qui suscite l'adhésion de ses membres, y compris ses clients, tout en se transformant radicalement. S'assurer de cette représentation partagée, de ce socle commun au sein de l'entreprise, est une des missions clés du management.

Plus que jamais, les organisations productives ont besoin de l'adhésion, de l'active coopération de ses membres. Les suggestions formulées visent à s'assurer de l'alignement de l'organisation sur la stratégie choisie. Cet alignement a pour objectif d'articuler un temps long aux temps courts. Il est au cœur de l'activité du dirigeant. Certaines entreprises y arrivent mieux que d'autres.

CHAPITRE 2

Les dirigeants intègrent-ils vraiment le développement durable ?

Bernard Ramanantsoa

Greenwashing, voilà le terme qui revient le plus dans la bouche des sceptiques du développement durable. Redorer son image avec un peu de teinture verte constituerait la raison principale des actions menées dans ce domaine par les entreprises. Qui n'a jamais pensé un jour que leurs efforts en la matière n'étaient finalement que les pâles reflets d'une mode passagère, qu'une éphémère réponse verte à un besoin accru de bonne conscience collective ? Ne s'agit-il pas tout simplement de repeindre en vert des politiques, des stratégies traditionnelles ? Notre économie tout entière ne succomberait-elle pas aux sirènes du *greenwashing* ?

Un grand scepticisme entoure l'implication des entreprises dans le développement durable, et le « grand public » n'est pas le seul en cause. Les prises de position de certains économistes nourrissent ce doute par des arguments « scientifiques » : Patrick Artus[1] rappelait récemment qu'une économie « de qualité, c'est-à-dire offrant des emplois qualifiés et bien rémunérés et s'accompagnant de conditions de logement satisfaisantes », supposait une réindustrialisation des pays de l'OCDE. Cela entraînerait alors une augmentation de la consommation de matières premières,

1. Directeur de la recherche et des études chez Natixis.

d'énergie et donc… d'émissions de CO_2 ! S'appuyant sur l'expérience américaine, il pense que les « services verts » créent malheureusement trop peu d'emplois qualifiés pour éviter que cette réindustrialisation, que tout le monde appelle de ses vœux, ne s'accompagne d'un inéluctable accroissement des inégalités et de trop peu de gains de productivité pour financer les besoins sociaux essentiels. On ne peut donc, selon lui, espérer que le seul développement des nouvelles technologies liées au développement durable soit suffisant pour provoquer le retour à des jours meilleurs.

Nombreux sont aussi les dirigeants d'entreprises, et notamment ceux des petites entreprises, pour qui le développement durable est d'abord synonyme de coûts et de contraintes supplémentaires, dans un contexte où il faut avant tout se battre pour rester compétitif et survivre. On retrouve encore très souvent exprimée la position classique de ceux qui restent persuadés que le seul objectif des entreprises est de maximiser la richesse des actionnaires, en limitant tous les coûts non indispensables à l'activité de l'entreprise. C'est en particulier le cas de ceux liés à l'environnement dès lors qu'ils ne font pas l'objet d'une obligation légale ou contractuelle[1].

L'approche comptable de la performance et, dans certains pays, la législation concernant la gouvernance amplifient cette tendance. Ce qui est externe à l'entreprise n'a pas à être pris en compte : ainsi les rejets polluants sont-ils « gratuits » puisqu'ils ne font pas l'objet de coûts comptables et les efforts « écologiques » de l'entreprise ne sont considérés que comme des coûts, au mieux comme des investissements à long terme. Dans un pays comme les États-Unis, la direction générale et les administrateurs ont l'obligation

1. Nous reprenons dans cet article plusieurs analyses développées dans *Strategor* (2009), coordonné par B. Garrette, P. Dussauge, R. Durand et dont nous sommes un des co-auteurs.

légale de servir les intérêts des actionnaires et sont jugés sur les seuls résultats financiers[1].

ET POURTANT, TOUS CES CASSANDRE ONT TORT... : ÇA MARCHE DÉJÀ !

Cette attitude narquoise de ces Cassandre envers la communication des entreprises n'a pourtant pas lieu d'être. Non seulement cet effort des entreprises pour le développement durable représente souvent des efforts financiers importants, mais il reflète surtout des enjeux stratégiques majeurs. Ce n'est pas « pour faire semblant » que tous les grands groupes fournissent dorénavant un rapport annuel sur leur performance environnementale, avec souvent un site spécifique dédié au développement durable. C'est parce qu'ils sont désormais « redevables », parce qu'ils doivent rendre des comptes.

Ils y sont d'abord contraints ou du moins fortement incités par une réglementation et des normes de plus en plus exigeants. En matière de réchauffement climatique par exemple, dès 1997, la conférence de Kyoto a débouché sur un accord qui engage trente-huit pays industrialisés à réduire leurs émissions de gaz à effet de serre de 5,2 % en moyenne à l'horizon 2008-2012. L'Union européenne a ratifié cet accord en mai 2002 et l'a mis en œuvre en janvier 2005. Des « permis d'émission de gaz à effet de serre négociables » ont été institués pour imposer une réduction annuelle des émissions par pays et par entreprise. Ces droits négociables permettent à l'entreprise de faire un choix économique entre le maintien ou l'augmentation de son volume d'émission,

1. Sur le caractère ambigu et l'efficacité discutable des nouvelles règles de gouvernance d'entreprise, voir le chapitre précédent, « les dirigeants oublient-ils le long terme ? » et la discussion autour de la loi américaine Sarbanes-Oxley.

au risque de dépasser son quota de gaz CO_2 et de devoir acheter sur le marché européen les droits d'émission qui lui manquent, ou l'investissement dans des procédés de réduction des émissions de CO_2. Bien sûr, le fiasco du sommet de Copenhague souligne la difficulté de progresser dans cette voie mais il semble impossible sur le long terme de revenir en arrière. Ce d'autant moins que de nombreuses initiatives européennes ont été lancées, en parallèle, en faveur du développement durable[1].

Mais d'autres types de pression s'exercent sur les entreprises au travers des notations financières et sociétales. L'émergence d'agences de notation spécialisées sur les aspects environnementaux fait désormais évoluer l'évaluation externe de la performance de l'entreprise. Ces agences « extra-financières » proposent des évaluations de la performance en termes d'impact sur l'environnement tandis que, de leur côté, les agences de notation financière classiques prennent désormais en compte les risques environnementaux et les risques de réputation[2].

1. Depuis 1972, six programmes d'action successifs ont conduit l'Union européenne à introduire des normes minimales, notamment en matière de déchets et de pollution de l'eau ou de l'air. Le sixième programme d'action pour l'environnement définit les priorités pour la Communauté européenne : changement climatique, nature et biodiversité, environnement et santé, gestion des ressources naturelles et des déchets. Ce programme favorise le recours aux taxes environnementales (principe du pollueur-payeur). L'Europe privilégie la responsabilité du producteur. Ainsi, en matière de véhicules hors d'usage, la directive de septembre 2000 établit la mise en place d'un système de collecte des véhicules en fin de vie, à la charge du constructeur automobile. Dans la même optique, la Communauté européenne a légiféré sur les déchets d'emballages, les piles et les huiles. Les différentes options de traitement des déchets, telles que la mise en décharge et l'incinération, ont aussi fait l'objet de mesures communautaires.

2. Schématiquement, il existe deux types d'agences « extra-financières » : les agences de notation (*rating agencies*) qui se fondent sur un modèle de notation des entreprises (SAM, Innovest, Ethibel, Vigeo, Core Ratings…) et les agences d'information (*information service providers*) qui collectent et mettent en forme des informations.

Enfin, les entreprises peinent de plus en plus à résister à la pression croissante des parties prenantes[1]. La vision classique de l'entreprise comme une communauté fermée s'occupant uniquement de ses propres intérêts économiques « face » à la société n'est plus possible, n'en déplaise aux puristes de la pensée libérale et aux sceptiques. L'impact de l'activité des entreprises, tant sur le plan mondial que sur le plan local, est tel que de nombreuses parties prenantes (*stakeholders*[2]) font désormais entendre leur voix. C'est parfois le cas parce que certaines d'entre elles sont directement affectées par l'activité économique de l'entreprise et ont une capacité plus ou moins grande de négociation et de défense de leurs intérêts : on pense notamment aux clients, aux fournisseurs, aux employés, aux banques. Mais plus marquant est le rôle d'autres *stakeholders* qui, bien que n'ayant pas nécessairement un lien contractuel direct avec l'entreprise, jouent de toute leur influence au nom des intérêts spécifiques de la société civile qu'ils représentent. Ainsi, les villes, régions ou États dans lesquels les sites de production, de stockage ou des bureaux sont implantés sont concernés au premier chef par les actions des entreprises et entendent de plus en plus défendre leurs administrés face aux entreprises si nécessaire.

Enfin, à un niveau plus intéressant encore, d'autres parties prenantes, structurées en associations ou ONG (organisations non gouvernementales), défendent des causes spécifiques en matière de protection de l'environnement. Ces parties prenantes émergentes établissent de plus en plus un rapport de force avec l'entreprise, car l'activité et l'attitude de celle-ci ont une influence déterminante sur l'évolution de leur cause. À travers des actions médiatiques, des attaques juridiques ou des partenariats contractuels avec l'entreprise, elles remettent en cause la légitimité de l'entreprise à fonc-

1. Voir aussi le chapitre suivant : « Les dirigeants oublient-ils la cité ? ».
2. Pour une discussion sur l'origine de ce terme, voir le chapitre « Les dirigeants n'entendent-ils que l'actionnaire ? »

tionner si celle-ci n'accorde pas une attention suffisante aux aspects environnementaux de son activité. Nouer un partenariat avec une ONG est du coup devenu une démarche de plus en plus fréquente, qui permet en plus de développer une communication souvent efficace. Le cas de Lafarge est à cet égard intéressant : Lafarge exploite six cents carrières dans le monde et un de ses enjeux majeurs est de pouvoir continuer à les exploiter et à ouvrir de nouveaux sites. Dans cette perspective, Lafarge a bâti un partenariat institutionnel avec WWF : ce partenariat avec une ONG mondialement connue renforce l'objectivité des mesures de performance utilisées par Lafarge ainsi que la crédibilité de l'action à long terme de cette entreprise en faveur de l'environnement[1]. Cet exemple révèle bien la nécessité pour l'entreprise d'avoir pour partenaire une ONG véritablement multinationale, avec une crédibilité reconnue. Le partenaire ONG doit être suffisamment fort par sa taille, ses ressources financières et ses compétences pour pouvoir émettre une opinion indépendante de l'entreprise et assumer sa propre communication institutionnelle au sujet du partenariat avec l'entreprise.

Enfin, il semble utile de rappeler l'apparition d'investisseurs d'un nouveau type. De multiples fonds d'investissement proposent en effet aux investisseurs de combiner approche financière rigoureuse et respect de critères d'investissement « éthiques », ou de « développement durable ». Cet ensemble de fonds constitue « l'investissement socialement responsable » (ISR). Fin 2006, ces fonds pesaient en Europe plus de 1 000 milliards d'euros et 2 300 milliards de dollars aux États-Unis fin 2005. Ne nous réjouissons pas trop vite devant ces chiffres car les fonds socialement responsables sont essentiellement des outils

1. Le groupe néerlandais Unilever fournit aussi un exemple intéressant. La diversité des activités du groupe l'oblige à travailler par ligne de produits. La marque de thé Lipton a ainsi pris une orientation claire de protection environnementale et de commerce équitable en développant un partenariat avec l'ONG Rainforest Alliance.

de gestion collective de fonds, mais ne cachons pas non plus notre optimisme. Ces fonds, par les critères qu'ils retiennent, vont augmenter la pression sur les entreprises, en rejetant les entreprises les plus mal notées et en intégrant au contraire les «bons élèves».

L'une des questions essentielles pour les investisseurs est de savoir si ce type d'investissement conduit à une performance financière dégradée par rapport à un investissement plus classique. Bonne nouvelle: contre toute attente, les multiples études qui ont été menées sur le sujet n'aboutissent pas à une conclusion claire! Une étude récente (Derwall, Guenster, Bauer, Koedijk, 2005) a travaillé autour d'un concept nouveau dit d'«éco-efficacité», le définissant comme la valeur économique créée par les entreprises relativement à la dégradation environnementale qu'elles provoquent. Les résultats semblent montrer que les entreprises qui ont de meilleurs scores génèrent aussi une meilleure rentabilité sur la période 1995-2003. Au total, l'investissement socialement responsable ne semble donc pas pouvoir être disqualifié *a priori* du fait d'un «surcoût financier» qui le handicaperait de manière structurelle. Qui plus est, certains événements récents (nous pensons à BP) confirment que les valeurs boursières sont très sensibles aux risques, notamment aux risques environnementaux ou aux risques de réputation. L'analyse financière traditionnelle prend donc de plus en plus en compte ces risques, convergeant ainsi, partiellement au moins, avec les analyses des fonds socialement responsables.

COMMENT ALLER PLUS LOIN ?

Il faut d'abord réaffirmer que le développement durable fait bien partie d'une nécessité stratégique. Paraphrasant une formule célèbre, on peut dire que «le long terme global s'inscrit dans le court terme local». Le développement durable devient une nécessité quasi immédiate: les clients des PME sont bien souvent des grandes entreprises, qui, sous l'effet de multiples pressions, tendent à l'imposer comme condition d'obtention des marchés. Comme pour la qualité, il y a quelques années, l'engagement des entreprises dans le développement durable devient un critère incontournable de sélection des fournisseurs et des sous-traitants. Les consommateurs, sensibilisés par les médias, sont également de plus en plus exigeants. Ne nous y trompons pas : les entreprises américaines, réactives aux évolutions du marché, en sont conscientes. Elles investissent massivement. Soyons attentifs à ne pas nous laisser prendre de vitesse. En un mot, le développement durable peut être une opportunité de nouvelle croissance. Cette nouvelle donne ne doit donc pas faire peur ; elle doit au contraire être appréhendée par nos entreprises comme l'occasion de redéfinir à leur avantage le jeu concurrentiel.

Mais les Cassandre ont également tort parce qu'au-delà de sa nécessité (dont on débat de moins en moins), le développement durable représente aussi une série d'opportunités majeures dont voici quelques exemples (Simon, Ramanantsoa, Faivre-Tavignot, 2007).

Développement durable et réduction des coûts

Paradoxalement, il peut s'agir d'une opportunité pour réduire ses coûts. On connaît l'exemple de ST Micro-Electronics qui en douze ans a su diminuer de moitié sa consommation d'énergie par unité produite et de pratiquement 70 % sa consommation d'eau par unité – ce qui entraîne une réduction de 60 % des émissions de gaz carbonique. Mais surtout, cette démarche lui a fourni l'occasion d'anticiper à son profit les mutations écologiques que nous vivons, en particulier la fin prochaine de l'économie pétrole, les tensions croissantes sur l'énergie et les matières premières, voire la raréfaction des ressources ultimes que sont l'eau, l'air et l'espace.

En effet, les entreprises capables de penser un nouveau *business model* seront les grands vainqueurs de demain.

Vendre des fonctionnalités plutôt que des biens

On peut aussi penser aux entreprises qui sont capables de proposer la vente d'un service en substitution de celle d'un produit (ce que l'on appelle l'économie de fonctionnalité), comme à celles qui réussissent à provoquer une rupture technologique. Cette forme d'innovation originale mérite que l'on s'y arrête.

Le renversement consiste à penser que « la valeur est dans le service fourni par l'objet » et non dans l'objet lui-même. L'entreprise ne vend plus alors *le bien* mais *l'usage* du bien, dont elle demeure propriétaire. L'entreprise gagne d'autant plus d'argent qu'elle vend plus de services liés aux biens mis à la disposition des clients. On constate que ces changements se développent avec, bien sûr, la « complicité » des consommateurs. La location de voiture par opposition à la propriété de la voiture, la multipropriété de résidences de vacances ou la location de toutes sortes de matériels ou d'équipements par les entreprises montrent que les clients acceptent de dissocier la propriété de l'objet de son utilisation. On vend des *fonctionnalités*. Cette approche possède l'avantage de développer un bien durable plutôt que de créer des biens, nécessairement vite périssables si l'on veut pouvoir vendre rapidement de nouveaux produits. Une entreprise fera d'autant plus de profits que les services s'appuieront sur des biens matériels durables à moindre frais. Si on analyse la modification de la chaîne de valeur, il est intéressant de noter que, dès la conception du produit, l'entreprise va devoir intégrer la gestion de sa fin de vie, afin d'en réduire le coût, puisqu'elle restera propriétaire du produit tout au long de sa vie utile.

Les inconvénients de ce mouvement stratégique ne sont pas négligeables et doivent être anticipés. Ils sont de deux ordres : d'abord des financements plus lourds pour l'industriel qui doit financer un « parc » de produits et ensuite la prise de conscience qu'il faut apprendre à orchestrer une autre batterie de savoir-faire, qu'il faut découvrir un autre métier. Deux exemples sont devenus des classiques : celui de Rank Xerox qui vend l'usage de ses photocopieurs et non plus le photocopieur lui-même, et celui de Michelin qui propose aux transporteurs routiers en Europe et aux États-Unis un service «pneumatiques» sous la marque Michelin Fleet Solutions: il s'agit d'un service de gestion complète du parc de pneumatiques des grosses flottes de poids lourds, Michelin fournissant et entretenant les pneus (vérification régulière de la pression, décision de changement de pneus, rechapage, etc.) en les facturant au kilomètre parcouru. Le client n'a plus à acheter des pneus neufs ni à les entretenir[1].

Le rôle central de l'innovation technologique

L'autre manière de sortir vainqueur des enjeux nouveaux créés par le développement durable consiste aussi, comme le plus souvent, à privilégier l'innovation et le développement de nouvelles technologies. Des travaux académiques montrent (Porter et Kramer, 2006; Garrette, Dussauge, Durand, 2009) que les innovations dans ce domaine ont pour but de résoudre, en s'appuyant sur l'analyse de la chaîne de valeur, les problèmes de consommation d'énergie, d'utilisation d'énergies alternatives, de changement de procédé industriel ou de mise au point de produits plus performants en termes d'empreinte écologique. Ils concernent aussi tout l'univers du traitement et du recyclage des déchets. Au fondement de ces innovations se trouve toujours un investissement significatif en R&D, tant sur le plan humain que financier.

C'est, on s'en doute, l'approche de nombreuses grandes entreprises à base technologique comme General Electric. Cette dernière a lancé en 2004 un grand programme de R&D, Écomagination, sur les énergies renouvelables, programme qui prévoyait d'in-

1. Cette approche est souvent plus facile pour les métiers «*business to business*» où les clients ont l'habitude de la sous-traitance et de l'outsourcing, et savent donc analyser les avantages d'un nouveau service. Dans les activités «*business to consumer*», il faut développer la capacité des consommateurs à s'approprier un bien sans en être propriétaires, ou en tout cas à surmonter leurs réticences.

vestir 20 milliards de dollars sur dix ans. La maîtrise technologique alliée à la connaissance des métiers de l'aval chez les clients sont clairement des atouts. Ainsi, General Electric a investi massivement dans le domaine éolien, tout en se rapprochant de Theolia, entreprise française spécialiste de cette technologie.

Mais ces anticipations technologiques ne sont pas l'apanage de grandes multinationales ; la voie est d'ores et déjà ouverte aujourd'hui par quelques PME pionnières : citons le cas de Purodor qui a imaginé des produits d'entretien à base d'huiles essentielles, ou celui de Prosign, cette entreprise, spécialisée dans le marquage de routes, qui a développé des enduits chauds fabriqués à partir de coquilles d'huîtres broyées !

Enfin, et on ne le dit pas assez, les entreprises investissant visiblement dans le développement durable attireront et garderont plus facilement les compétences nécessaires à leur compétitivité. La fameuse « guerre des talents » est déjà une réalité. La concurrence pour recruter les jeunes diplômés est déjà sévère et cela ira en s'amplifiant dans les années à venir. Or une démarche d'intégration du développement durable dans la stratégie même de l'entreprise permet de renforcer l'identité de l'entreprise, de clarifier sa contribution envers la société. Elle est source d'identification et de mobilisation pour les salariés, de plus en plus sensibles au fait de participer à un projet sociétal ; elle renforce ainsi l'attractivité, dans une guerre des talents accrue. Quand Danone lance l'opération Grameen Danone au Bangladesh, elle met en place un *business model* de proximité, probablement généralisable, mais, simultanément, elle crée des emplois locaux, renforce auprès de ses consommateurs son image d'« entreprise responsable » et mobilise dans un projet commun ses salariés.

On l'aura compris : ces ruptures stratégiques sont inéluctables, mais, comme toujours, elles bénéficieront avant tout aux *first movers*. Ceux-ci construiront à leur avantage des barrières d'accès aux nouveaux marchés et de nouveaux standards s'établiront, gênant les retardataires. Il faut donc, et rapidement, qu'au niveau national et européen, on puisse accompagner les entreprises. Ceci passera à la fois par une sensibilisation des petites entreprises aux enjeux et aux opportunités liés au développement durable et par une réflexion prospective organisée. Si ces démarches peuvent être menées en solitaire par les grandes entreprises, il convient de faciliter des réflexions communes entre petites entreprises, en s'appuyant par exemple sur les *think tanks* et les services d'études existants. Il en est de même pour la mise en place de diagnostics concernant les différentes consommations et économies des petites entreprises. Enfin, on l'a vu, la technologie sera centrale, ouvrant ainsi des opportunités renouvelées aux pays développés : des aides fiscales ciblées sur les recherches et les innovations liées à ce thème stratégique devront donc être mises en place, pour créer au niveau national un mouvement collectif réunissant grandes et petites entreprises, universités et grandes écoles.

Que retenir de ce propos ? Avant tout que le développement durable est désormais une impérieuse nécessité pour notre collectivité, comme pour le reste de la planète. La responsabilité sociétale des entreprises leur impose une nouvelle définition des critères de performance : le profit, certes, mais aussi l'impact sur l'environnement, sans oublier la performance sociale. Par ailleurs, au niveau sociétal, c'est en pensant un nouveau modèle de consommation, qui éviterait la production croissante de biens en développant l'usage de ceux qui existent déjà, que s'offre à nous la perspective, inespérée il y a quelques années, de retrouver des sources de compétitivité pour nos entreprises et des opportunités de créations d'emplois (une bonne raison pour une mobilisation générale !). Les lignes ont réellement bougé de façon durable. Avec toute sa brutalité, la crise nous offre en fait l'opportunité de repenser notre modèle de croissance pour le tourner vers les défis climatiques, sociaux et environnementaux du XXIe siècle. Gageons que dans quelques années ces enjeux feront partie d'un savoir-faire organisationnel qui s'intégrera naturellement à toutes les stratégies et… à toutes les formations.

Le vert va résister. Il ne déteindra pas.

CHAPITRE 3

Les dirigeants ont-ils oublié la cité ?

Bernard de Montmorillon

Le « glocal » est à la mode et nombre de dirigeants prônent une articulation positive entre la globalisation de la stratégie de leur groupe et le développement local des territoires où ils s'implantent. Cette articulation peut paraître artificielle voire hypocrite si on la jauge à l'aune des délocalisations et des plans sociaux qui accompagnent souvent le mouvement. Cependant n'est-elle pas plutôt porteuse d'une double dynamique, celle des pays émergents qui voient leur niveau de vie progresser et celle des vieilles cités qui s'attellent à la reconfiguration de leur modèle de croissance ?

Continental ferme son usine de Clairoix et propose (*dura lex*!) par courrier recommandé soixante postes en Tunisie avec un salaire de 137 euros mensuels ! Autre récente affaire sensible : le groupe anglo-canadien Rio Tinto, confronté à la baisse du cours mondial de la tonne d'aluminium, ne peut plus faire face aux coûts de production français bien supérieurs et prévoit de redéployer son outil de production en Arabie Saoudite ou dans le sultanat d'Oman. Que va devenir l'usine de Saint-Jean-de-Maurienne ? Quelles perspectives pour ces salariés dont le sort se décide à Melbourne ? Les dirigeants ne gèrent-ils donc les entreprises qu'en fonction d'impératifs économiques internationaux et pour le profit d'actionnaires aussi anonymes que lointains ? Ont-ils oublié la cité ? L'émotion populaire grandit, alimentée par ces nombreuses affaires dont la presse se fait l'écho.

Dans le même temps, la galerie des Glaces du château de Versailles est restaurée grâce au mécénat du groupe Vinci. Au milieu du grandiose plafond, une série de toiles montre Louis XIV rétablissant les fondements de la prospérité, la paix, la justice, la navigation et… l'ordre dans les finances. On peut se demander à quoi pense le visiteur tandis qu'il déambule. Est-il reconnaissant au groupe du BTP de sa contribution ? N'est-il pas plutôt conduit à se remémorer les difficultés médiatiques de tel ou tel de ses dirigeants et à souhaiter que la puissance publique d'aujourd'hui, à l'instar du monarque d'hier, rétablisse l'ordre dans les finances ?

Pourtant il n'en a pas toujours été ainsi. Au Creusot, le souvenir de la famille Schneider reste associé à la construction de logements, d'hôpitaux ou d'écoles. La double carrière industrielle et politique de plusieurs des maîtres de forge témoigne d'une relative reconnaissance populaire et du souci de la chose publique. Naguère encore le patronat du nord de la France s'illustrait en expérimentant dans ses usines la représentation ouvrière ou les assurances sociales. Plus récemment, pendant les années de forte croissance, il semblait bien que le capitalisme appliquât la logique d'Henry Ford qui souhaitait que ses ouvriers fussent assez payés pour être ses clients. Les profits d'aujourd'hui, assurait le chancelier allemand Helmut Schmidt, sont les investissements de demain et les emplois d'après-demain. Les Français eux-mêmes, dans les années 1980, commençaient à considérer que la richesse créée par les entreprises était à l'origine de leur emploi et du progrès de leur niveau de vie.

Cette image positive semble s'être ternie sous l'effet du ralentissement de la croissance, des nombreux plans sociaux et de la remise en cause du statut même de cadre. L'entreprise ne jouerait-elle donc plus son rôle d'ascenseur social et la classe moyenne pourrait-elle perdre sa relative sécurité et se trouver déclassée ? Dans le même mouvement, le patronat renonçait au sigle CNPF pour se muer en Mouvement des Entreprises de France ; pourtant le terme « patron » témoignait encore, au-delà des évidentes critiques adressées aux excès du paternalisme, d'un lien quasi personnel entre le dirigeant et les membres du personnel, entre l'entreprise et ceux qui y travaillent. Le patron enracinait l'entreprise dans le territoire. Le dirigeant du grand groupe semble, lui, ne plus être préoccupé que des résultats financiers qui clignotent sur la première page des sites Internet et avoir bien oublié la cité.

Cet hiatus a une cause évidente : la mondialisation de l'économie. Le mouvement se généralise depuis le dernier quart du XXe siècle. Il a pris, ces dernières années, une nouvelle ampleur, marquée par deux phénomènes complémentaires. D'abord, l'entreprise désormais globalisée se pose trois questions : où, dans le vaste monde, vendre ? Où produire ? Où acheter ? Elle y répond en privilégiant, comme elle l'a toujours fait, la pérennité de sa capacité à créer de la valeur. Ensuite, le bénéficiaire ultime de cette richesse créée n'est plus le propriétaire patron que l'on peut rencontrer, voire même vilipender, mais un ensemble anonyme d'actionnaires représentés par des dirigeants connus et qui restent des boucs émissaires faciles.

Finalement, n'ont-ils pas oublié la cité ? Si la question peut être aussi brutalement posée – et les quelques exemples rapportés ici montrent que c'est bien souvent le cas – c'est parce que l'articulation entre les stratégies internationales des grands groupes et le développement des territoires, des cités, où ils agissent, n'est plus ni clairement perçue ni politiquement gérée. Ces deux points vont être successivement développés. Afin de combler la distance inquiétante entre l'entreprise et ses partenaires locaux, il paraît nécessaire de rappeler quelques évidences économiques en soulignant les effets positifs de l'internationalisation pour la cité et ses habitants. Mais cela n'est pas suffisant. Il faut aussi que la cité puisse se convaincre qu'elle n'est pas oubliée et, pour cela, que l'élu politique promeuve efficacement les intérêts mêmes des populations qu'il représente.

LA MONDIALISATION DES ENTREPRISES AU SERVICE DE LA CITÉ

La mondialisation de la stratégie des entreprises conduit inévitablement au débat qu'on vient d'évoquer : comment articuler les choix productifs et commerciaux envisagés dans l'espace mondial et la légitime exigence de la population locale de voir ses emplois et son niveau de vie préservés ? Il faut, d'emblée, écarter une première réponse qui refuserait l'ouverture internationale : sauf en période de crise, le commerce international s'est toujours développé plus rapidement que le produit national mondial et l'a donc dynamisé ; les expériences d'autarcie ont toujours été calamiteuses pour les pays qui les ont strictement mises en œuvre ; enfin, l'amélioration du niveau de vie des pays en développement ou émergents a toujours été liée à l'ouverture des frontières, que l'on pense au Japon des années d'après-guerre, aux petits pays d'Asie du Sud-Est ou aujourd'hui à la Chine. Là n'est donc pas le débat.

Perception locale et effets globaux

En revanche, la perception des effets potentiellement positifs de la mondialisation n'est pas évidente. Lorsqu'une entreprise globalise ses choix, elle le fait pour s'approvisionner au meilleur coût, pour produire en s'appuyant sur les facteurs de production les plus performants… et pour vendre de façon compétitive. Le premier impact positif de la mondialisation est bien la possibilité de satisfaire la demande des consommateurs au meilleur prix.

En France, au début des années 1980, l'affaire des magnétoscopes en offre un exemple particulièrement probant. Inquiet de la pénétration des produits japonais, le gouvernement d'alors a cherché à en contrôler l'accès[1] tout en demandant à Thomson de s'impliquer dans cette production. Le problème pour l'entreprise était clair : les Japonais fabriquaient dans leurs ateliers un million de magnétoscopes par an et le marché intérieur français s'établissait à seulement 400 000 ; deux cas de figure se présentaient : soit fermer les frontières, ce qui aurait permis la vente des produits bien au-dessus du prix mondial, soit produire davantage et exporter. Dans le premier cas, le client français aurait été lésé, ne l'aurait pas accepté et serait allé faire ses emplettes à Bruxelles ou Milan. Dans le second cas, il aurait fallu un réseau commercial à l'étranger… alors inexistant. Et Thomson, fort judicieusement, a importé sous licence japonaise ! S'il y a longtemps que les économistes industriels ont mis en évidence les implications internationales des rendements d'échelle, encore faut-il souligner qu'ils bénéficient d'abord au consommateur.

L'impact potentiellement positif à moyen terme de l'investissement à l'étranger est, en revanche, moins perceptible. Un rapport du Conseil d'analyse économique réalisé par L. Fontagné et F. Toubal a fait récemment le point sur cette question sensible. Les auteurs montrent que « l'impact de l'investissement étranger sur l'activité et l'emploi dépend du type d'investissement réalisé, du pays de destination et de l'importance respective des effets de substitution et de revenu ». Ainsi, lorsqu'une entreprise « réplique » (délocalisation horizontale) une unité de production pour accéder à un marché étranger, l'impact net en termes d'activité et d'emploi est positif pour la France et les emplois créés sont

1. Les magnétoscopes devaient transiter par le petit bureau de douane de Poitiers (et non plus par les services habituels), ce dernier étant incapable de gérer l'afflux de magnétoscopes en provenance du Japon.

plus qualifiés. De la même manière, les délocalisations verticales (délocalisation pour produire là où les facteurs de production sont moins coûteux) n'ont « pas d'effets défavorables pour l'emploi en moyenne » sauf, cependant, mais cela n'est pas clairement avéré, pour les emplois peu qualifiés.

Les conclusions de ce rapport convergent donc avec la plupart des études consacrées à la question : globalement les délocalisations (qui sont le plus souvent à la fois horizontales et verticales) ne sont pas défavorables à l'emploi dans le pays d'origine. Bien plus, les entreprises concernées sont généralement les plus performantes et elles réussissent de ce fait « à renforcer leurs avantages spécifiques ». L'impact sur le territoire *local*, cependant, on le comprend bien, peut être négatif et c'est là que le bât blesse : les emplois créés ne sont pas les mêmes que ceux qui sont détruits et il y a peu de chances pour qu'ils le soient précisément là où les autres sont supprimés. Si globalement le territoire est gagnant, localement il peut être perdant. C'est une difficulté essentielle sur laquelle nous reviendrons.

Le partage de la valeur ajoutée : les raisons d'un malentendu

Il reste un dernier facteur de crispation à examiner : le sentiment que les dirigeants pilotent les entreprises, et notamment les plus grandes d'entre elles, pour le seul bénéfice d'actionnaires lointains, anonymes et rapaces. À nouveau il convient de rappeler quelques faits. Nous insisterons ici sur trois points : la question de la part du profit dans la valeur ajoutée, le rôle du capitalisme actionnarial dans l'économie mondiale et le financement des retraites.

La question de la répartition de la valeur ajoutée est centrale puisque la somme des valeurs ajoutées par les acteurs de l'économie constitue le produit intérieur brut, la richesse créée chaque année. Au-delà des impôts versés aux collectivités et des intérêts rémunérant les prêteurs, ce partage se fait entre les salariés (rémunérations et charges sociales) et les entreprises (autofinancement et dividendes). Que constate-t-on en la matière ? Le sentiment qu'une part de plus en plus prépondérante est attribuée au capital est-il fondé ? Le rapport au président de la République présenté par J.-Ph. Cotis, directeur général de l'INSEE, le 13 mai 2009, apporte des réponses précises. Pendant les « Trente Glorieuses », la part des salaires et charges sociales dans la valeur ajoutée des entreprises non financières oscillait entre 70 % et 72 % ; cette part s'est ensuite élevée et a fluctué, de 1975 à 1985, autour de 74 % ; elle est revenue à la fin des années 1980 à 67 %, taux autour duquel elle se stabilise depuis une vingtaine d'années. Globalement, alors que l'économie française s'est largement internationalisée à la fin du XXe siècle, alors que les délocalisations se sont multipliées, le partage du produit créé entre les salariés et les entreprises est resté stable. Le sentiment d'injuste enrichissement des capitalistes n'est donc pas vraiment fondé.

Cette apparente contradiction s'explique par la part prépondérante des grands groupes dans l'ouverture internationale. La France est probablement l'un des pays qui comptent le plus de groupes internationaux, relativement à la taille de son économie. Les grandes entreprises françaises sont mondialement présentes dans l'énergie, les transports, la grande distribution, la banque et bien d'autres secteurs encore. Ces leaders mondiaux animent le CAC-40 et assurent la visibilité de la place française. Cette situation présente de nombreux avantages. Les sièges de ces entreprises, tout d'abord, restent en France ; de ce fait leur inscription territoriale demeure manifeste, ce qui assure une indéniable proximité même si les dirigeants se défendent de toute inféodation politique nationale. Ensuite, les avantages tirés de cette configuration ne sont pas négligeables, qu'il s'agisse de la dynamique des régions ou, plus directement, des revenus versés aux actionnaires nationaux. Enfin, en ce temps où les retraites par capitalisation seront probablement amenées à jouer un rôle plus important, ces grands groupes peuvent proposer des véhicules de placement dont l'ancrage reste nationalement marqué.

On trouve là un dernier facteur contribuant à expliquer la distance entre grandes entreprises mondialisées et population de la cité. Les retraités des systèmes par capitalisation savent bien que le niveau de leur pension est en partie adossé à la santé des entreprises dans le capital desquelles est investie une partie de leur épargne passée. S'il est une explication à la méfiance particulière manifestée par les Français à l'égard des grandes entreprises, elle est bien là : le niveau de leur retraite n'en dépend pas.

Au total, ces quelques réflexions font apparaître plusieurs constats, sans doute assez évidents, mais généralement mal perçus. L'ouverture internationale de la stratégie des grands groupes est un puissant facteur de baisse des prix et donc de développement du niveau de vie de la population. Ce mouvement d'ouverture et les relocalisations qu'il induit ne se traduisent globalement pas par des effets négatifs sur l'emploi : sans doute les qualifications les moins élaborées peuvent-elles être remises en cause ; cependant, à l'inverse, le mouvement stimule la création de métiers à plus forte valeur ajoutée et l'approfondissement de la recherche appliquée. Enfin la pugnacité des grands groupes français assure au territoire national une participation au capitalisme mondial dont il ne faut pas sous-estimer les retombées positives.

LA CITÉ, PARTIE PRENANTE QUI DOIT SE FAIRE ENTENDRE

Pour autant, le rappel des faits économiques n'est pas suffisant pour modifier la perception de la mondialisation. Il ne s'agit pas seulement d'incompréhension. Beaucoup plus profondément, la population dans sa grande majorité ne semble pas se considérer comme partie prenante au développement international de l'entreprise. Cette coupure procède sans doute de pratiques managériales qui n'intègrent pas ou pas assez la nécessité du lien territorial ; mais elle procède aussi de ce que ce lien n'est pas politiquement assumé. Or son pilotage relève d'abord de la responsabilité des élus. On insistera donc maintenant sur quelques niveaux d'articulation qui pourraient réduire la fracture.

L'entreprise et ses salariés : comment s'inspirer du modèle allemand ?

La prise en compte des attentes des populations peut d'abord passer par l'expression de leur point de vue au sein même des instances décisionnelles de l'entreprise : à cet égard le modèle allemand peut proposer des pistes de réflexion. Au-delà de la gouvernance, c'est toute l'architecture de la législation sociale qui est concernée et, de ce point de vue, l'attente fondamentale des personnels concerne leur emploi présent mais aussi et peut-être surtout futur. Enfin la dynamique territoriale relève du renouveau potentiel de la politique industrielle.

La conception que se font les Allemands de l'entreprise peut être appréhendée à partir du modèle de la cogestion. Ce mode de gouvernance très particulier a été notamment étudié par P. Wirtz auquel on doit les détails qui sont repris ici. Cette législation, propre aux grandes entreprises, est assez récente puisqu'elle date de 1951. Dans les grandes entreprises, la gouvernance doit s'organiser en un directoire qui prend les décisions de gestion et un conseil de surveillance qui le nomme et le contrôle. Ce dernier est composé paritairement de représentants des actionnaires et de représentants des salariés (généralement 10 et 10), le président étant un représentant des actionnaires et ayant un droit de vote double en cas de strict partage des voix. Dans un tel cadre, on comprend qu'ait pu se développer une certaine convergence, d'autant qu'en 1976, le Parlement a élargi l'application de la cogestion aux entreprises de plus de deux mille salariés.

Au sein de ce système social, les salariés partagent le sentiment que l'entreprise est gérée certes pour l'enrichissement des actionnaires, mais aussi en prenant en compte leurs intérêts. Ainsi, le climat social en Allemagne privilégie la négociation, la grève intervenant comme ultime recours lorsque les discussions paraissent dans l'impasse. Par ailleurs, le comportement des managers se trouve lui aussi influencé par ce mode de gestion. On peut penser que la cogestion les a conduits à privilégier l'investissement national; on sait, en effet, que le poids dans le PIB allemand de la recherche et du développement privés est plus élevé que dans bon nombre de pays développés; on sait aussi la faible élasticité de l'excédent commercial allemand à la hausse de l'euro, résultat de la grande qualité de ses produits. Il est alors possible de repérer les grands traits du management allemand: assurer la richesse des actionnaires tout en préservant l'adhésion des personnels grâce à une politique active d'investissement qui assure l'emploi industriel et l'exportation, au prix parfois d'une politique salariale restrictive. Sans doute ce type de gouvernance n'est-il pas transposable en France, du fait notamment d'une organisation syndicale très différente (pas de syndicat fédérateur unique). Pourtant, il met en évidence la possibilité d'une association organisée des salariés à la prise de décision qui pourrait ouvrir des perspectives fructueuses: structuration des conseils d'administration ou de surveillance, actionnariat salarié…

Maintenir et développer l'employabilité de ses salariés

Les préoccupations des collaborateurs peuvent également être prises en compte par d'autres voies. Le thème de l'employabilité a été assez largement développé au début de ce siècle. Il l'est moins depuis quelques années; pourtant il apparaît tout à fait central. La relation d'emploi associe deux parties aux intérêts complémentaires. L'analyse classique du contrat de travail met l'accent sur le lien entre subordination et rétribution. Ces deux dimensions ont aujourd'hui beaucoup évolué. La subordination ne peut plus se réduire à l'exécution efficace des ordres donnés. Elle nécessite, dans nos économies modernes de service, l'« active coopération » du collaborateur, pour reprendre la formule de Friedrich von Hayek. Cette dernière n'est pas seulement stimulée par le niveau de salaire ; elle l'est aussi par le climat de travail, la reconnaissance de l'initiative et le sentiment d'enrichissement personnel. Ce sentiment est lié au développement des compétences, gage, certes, d'une contribution plus significative aux résultats de l'entreprise, mais assurance aussi de la possibilité de réinsertion maîtrisée en cas de rupture du contrat de travail. Dans cette perspective, la GPEC (gestion prévisionnelle des emplois et des compétences) s'affirme comme un outil essentiel de l'articulation entre les intérêts de l'employé et de l'entreprise. Il ne s'agit pas ici d'en refaire la chronique, mais d'insister sur son impact territorial. L'employabilité, cet actif spécifique humain particulier, apparaît comme un impératif de cohésion sociale territoriale. Sa gestion doit être permanente et non pas occasionnelle, en cas de difficultés ou de plan social. Son impact porte aussi bien sur l'acteur, sur l'entreprise que sur le territoire, et donc son financement peut être partagé.

Sans doute l'accent est-il mis depuis longtemps en France sur la formation : obligation légale d'y consacrer une part déterminée de la masse salariale, développement de la validation des acquis de l'expérience (VAE) ou congés individuels de formation (CIF). Il reste que « l'ardente obligation » de l'employabilité devrait occuper une place plus importante dans les débats publics et dans l'aménagement réglementaire. Pourquoi ne pas envisager un label employabilité ou la publication régulière de rapports ou de bilans consacrés à cette question centrale ?

Les entreprises, leur territoire et les élus locaux : à la recherche de nouvelles synergies

On le voit bien, c'est sur l'articulation des initiatives des principaux acteurs concernés que repose l'émergence d'une nouvelle articulation entre population et groupes internationaux, entre dirigeants et cité… Un troisième axe peut être évoqué en la matière, celui du renouveau de la politique industrielle territoriale. D'un côté, en effet, le territoire apparaît comme un espace stratégique pertinent pour les entreprises. Un groupe comme Lafarge se veut « glocal », global et local, affirmant à la fois sa transversalité, fondée sur son potentiel technologique, son image, son poids financier, et sa « territorialité », mesurable à sa capacité à produire du ciment pour les besoins de l'économie locale et en concurrence avec les producteurs régionaux. Cette dynamique s'explique par l'importance croissante de la faculté à adapter précisément les savoir-faire aux besoins particuliers de son client. Dans une telle perspective, la prise en compte du partenaire et de son inscription territoriale devient gage de performance. Un groupe comme GDF Suez, s'il veut s'implanter dans la distribution de l'eau ou l'assainissement urbain dans un pays étranger, ne peut le faire qu'avec l'assentiment sinon la contribution des populations locales représentées par leurs responsables associatifs ou politiques.

Ce constat rejoint le souci croissant des élus locaux de contribuer au développement des territoires dont ils ont la charge. Il ne s'agit pas tant pour eux d'investir directement dans des projets productifs, ni même de privilégier l'aménagement légal (fiscal notamment) de l'implantation potentielle. Il s'agit plutôt d'intervenir dans la création de conditions organisationnelles à même de dynamiser les projets porteurs. L'espace territorial est ainsi redevenu un lieu d'action pertinent aussi bien pour les dirigeants que pour le pouvoir politique. Ce dernier, par les nombreux atouts dont il dispose et grâce à sa légitimité démocratique, peut contribuer significativement à réduire la fracture qui est l'objet de la réflexion menée ici.

Plusieurs outils sont désormais aux mains des pouvoirs publics pour impliquer les entreprises à vocation internationale dans le développement local. Ainsi en va-t-il du renouveau de la prospective territoriale qui cherche à féconder les compétences, notamment techniques, des populations locales avec les stimuli et les avancées nés de la recherche menée dans les laboratoires des grands groupes. Le développement de ces outils de pilotage des affaires communes, qui cherchent à répliquer les succès de territoires emblématiques comme la Silicon Valley en associant laboratoires de recherche universitaires, collectivités territoriales et projets d'entreprise, va aussi dans le même sens. On pense en particulier aux pôles de compétitivité. Il ne s'agit pas tant en l'occurrence d'attirer les investissements des groupes que de créer, en amont, les conditions profitables à toutes les parties prenantes. On pourrait évoquer encore les partenariats publics-privé quelle qu'en soit la forme, qui, dans un très grand nombre de secteurs (BTP, services aux collectivités, infrastructures...), conduisent à monter des opérations conjointes entre entreprises privées et collectivités publiques.

Pour réconcilier les Français avec les grandes entreprises et les managers qui les dirigent, la réflexion qui vient d'être esquissée conduit à plusieurs suggestions:

- mieux rendre compte des effets positifs de l'internationalisation des entreprises sur l'emploi, le niveau de vie et la dynamique économique nationale: cette mission incombe à la fois aux dirigeants, aux professeurs et aux journalistes;
- mieux assurer la prise en compte des intérêts des employés dans la gouvernance même des entreprises. Si le modèle allemand n'est guère transposable, en revanche, l'aménagement institutionnel de la représentation des salariés dans les instances déci-

sionnelles des grands groupes pourrait conduire à renforcer leur légitimité sociale et celle de leurs dirigeants ;

- mieux promouvoir l'employabilité de l'ensemble des collaborateurs. Cette démarche nécessite une prise en compte de l'impératif de la formation très en amont. Lorsque survient le plan social, il n'est plus temps de développer les compétences des collaborateurs dont il faut se séparer. Ce chantier pourrait mobiliser tout autant les employeurs sensibles à leur responsabilité socio-sociétale, les syndicats, dont c'est l'une des premières missions, que les pouvoirs publics ;
- accélérer le renouveau des politiques industrielles locales : le territoire est redevenu un lieu pertinent d'action stratégique à l'articulation des préoccupations du dirigeant d'entreprise et de l'élu.

De nouveaux outils apparaissent donc, qui peuvent contribuer à réintroduire, grâce à l'entreprise, la mondialisation dans le village.

DEUXIÈME PARTIE

L'accompagnement de la prise de décision

CHAPITRE 4

Les dirigeants n'entendent-ils que l'actionnaire ?

Philippe Dessertine

La faillite du système de l'économie de marché, tel est, dans l'esprit de l'opinion publique occidentale, le résultat de la grande crise de 2008 en raison principalement d'une absence de moralité et du manque du plus élémentaire sens de l'humain.

L'ORIGINE DE LA CRITIQUE

Une critique particulière résume bien ce que l'on reproche en général au monde de l'entreprise : la focalisation excessive, voire exclusive, sur les attentes des actionnaires. Une focalisation rendue possible par le statut juridique des actions : ce sont elles qui confèrent le pouvoir. Ainsi, lorsque les dirigeants ne sont pas actionnaires majoritaires, ils doivent se plier aux volontés de la majorité des propriétaires, y compris quand celles-ci sont manifestement inopportunes.

Il s'agit là d'une sorte de symbole de la financiarisation perverse du management, perdant de vue les perspectives réelles que devraient avoir les organisations. En effet, qu'implique cette focalisation sur les exigences des propriétaires financiers du capital, ces détenteurs d'actions ou de titres équivalents ? Une vision de court terme, doublée d'une représentation seulement monétaire de la performance.

L'arbitrage à court terme de l'actionnaire : une tendance naturelle...

Cette tendance est indéniablement naturelle. L'actionnaire investit, il prend donc des risques. Il peut perdre les montants investis, puisque, en cas de faillite, l'actionnaire passe après tous les autres créanciers. Le double objectif de l'actionnaire est par conséquent d'obtenir une rémunération optimale de ce risque, la meilleure rentabilité possible, et de chercher par tous les moyens à limiter le risque encouru.

Le moyen de satisfaire ces deux revendications est de verser au plus vite une part maximale de la rémunération sous forme de dividendes, de distribuer tous les bénéfices réalisés. Ainsi, l'actionnaire reçoit le maximum de rétribution, tout en diminuant son risque, puisqu'il récupère les sommes placées dans l'activité. Si sa démarche peut sembler normale, elle présente néanmoins un certain nombre d'inconvénients majeurs.

... mais potentiellement dangereuse et contre-productive

Tout d'abord, une entreprise pressurée de la sorte ne dispose d'aucune capacité d'autofinancement : dès qu'elle dégage de la richesse, elle la restitue, se privant ainsi de la première source d'investissement futur, de surcroît la plus légitime, puisque créée par sa propre activité. Cette modalité d'investissement serait pourtant la plus logique, car elle permettrait de développer ou au moins de pérenniser ce fonctionnement vertueux, en renouvelant les actifs usés ou détériorés. Par exemple, une compagnie aérienne profitable devrait utiliser ses profits pour acheter de nouveaux appareils et entretenir ceux qu'elle possède, de manière à maintenir ses parts de marché. Vision de long terme, opposée à la tentation naturelle de récupérer au plus vite sa mise investie de manière pertinente.

En outre, la récupération trop rapide des gains peut avoir des effets plus pervers encore : ils affaiblissent la viabilité immédiate de l'organisation en diminuant ses réserves de trésorerie. La rémunération de l'actionnaire est une perte de « cash » pour l'entreprise, élément fondamental de sa solvabilité. Or une faillite est toujours provoquée par l'incapacité à faire face à ses engagements ou, dit autrement, par une insuffisance de disponibilités.

En pressurant son entreprise, l'actionnaire joue contre son propre intérêt : il pense réduire ainsi son risque personnel en récupérant au plus vite son capital, mais il accroît le risque global de l'investissement résiduel en ponctionnant la trésorerie. Il diminue donc la capacité de remboursement des dettes de l'entreprise. Le pire est de créer, de la sorte, un cercle vicieux : plus le prélèvement aura été fort, plus le risque d'une crise de liquidité peut survenir, ce qui justifie, *a posteriori* et de manière absurde, une forte rémunération du capital investi… Cette situation paradoxale n'a pas été exceptionnelle au paroxysme de la crise : les clients ont eu des difficultés à payer, ce qui a entraîné des difficultés de trésorerie chez leurs fournisseurs ; les banques ne fournissant pas de crédit en compensation, la situation est devenue très tendue ; si, sur ces entrefaites, l'actionnaire a exigé des dividendes immédiats, il a précipité la catastrophe sans qu'il soit possible aux dirigeants d'envisager le moindre sauvetage.

L'étonnant, pour un observateur extérieur, est que les actionnaires puissent à ce point manquer de discernement, finissant par être les propres victimes des décisions qu'ils ont eux-mêmes imposées.

Des choix court-termistes encouragés par la financiarisation de l'économie

À ce stade, il importe de distinguer les diverses réalités que peut recouvrir le vocable générique d'« actionnaire ». Par définition, l'actionnaire investit sur le long terme, puisqu'il ne place aucune échéance temporelle à son investissement, à la différence du banquier par exemple, qui fixe, dès le départ, une date de remboursement pour les sommes prêtées. Mais les actionnaires ne sont pas tous dans ce cas de figure. Pourquoi ? Un grand nombre d'actionnaires modernes achètent et revendent en réalité leurs positions. Là résident les dangers de cette financiarisation à outrance évoquée plus haut, qui distend le lien entre l'entreprise et ses actionnaires.

Les marchés financiers sont le terrain d'élection de ces opérations et ceux qui les gèrent ne sont plus des individus. Ce sont des structures spécifiques, parfois des fonds d'investissement, n'envisageant leur statut d'actionnaire d'une entreprise donnée que comme une composante accessoire d'une opération plus importante. Le cas le plus typique d'une telle configuration est celui des achats d'actions par des dettes (les fameux LBO, *leverage buy out*), elles-mêmes remboursées par les dividendes récupérés. Dans ce genre d'opération, on comprend que l'horizon de décision n'est que le dénouement de la dette financière ; l'insolvabilité n'a pas d'importance si elle ne survient que plus tard ; et le réinvestissement est une dimension résiduelle, intégrée seulement dans la perspective d'une plus-value complémentaire lors de la cession.

S'il fallait résumer, on pourrait considérer que, peu à peu, la finance s'est engouffrée dans les latitudes offertes par le statut de l'actionnariat. En effet, cette qualité octroie le pouvoir le plus important dans la plupart des environnements juridiques internationaux. Ce pouvoir devient en lui-même la finalité de l'investissement financier, non pour les décisions qu'il permettrait de prendre, mais pour l'impunité qu'il confère, notamment quant aux conséquences externes d'achats et de ventes en fonction des seules logiques de marchés.

Néanmoins, cette dérive dans l'utilisation des prérogatives de l'actionnaire ne date pas des dernières années. La transformation de l'action en produit boursier contenait en elle-même cette évolution.

LES RÉPONSES DONNÉES PAR LE MANAGEMENT

Bien avant la crise, les différents acteurs, des autorités de marché aux législateurs, en passant par les financiers eux-mêmes, ont réfléchi à la meilleure manière de tirer parti des avantages de l'afflux d'un capital attiré par des perspectives de gains importants, sans pour autant rendre les organisations totalement aveugles quant aux conséquences possibles de leurs stratégies, imposées par des impératifs de rentabilité de court terme.

Les limites classiques au pouvoir des actionnaires (et leur insuffisance)

La plus ancienne, la plus classique des réflexions, au cœur de la problématique générale, s'articule autour du pouvoir des actionnaires (ou de celui des détenteurs des capitaux propres, puisque le raisonnement s'applique à tous les types de sociétés, y compris les SARL). Il convient d'abord de rappeler la limite légale à l'exercice de ce pouvoir en dépit de son évidence : si l'actionnaire est au sommet de la pyramide du pouvoir dans l'entreprise, il ne peut pour autant l'utiliser sans limite.

L'actionnaire principal ne peut ainsi confondre son intérêt personnel et celui de l'entité juridique dont il possède les titres, sous peine d'être accusé de détournement de biens. En clair, si l'entreprise dégage du profit, crée de la richesse, l'actionnaire ne peut en profiter directement. La confusion des deux patrimoines conduit à un délit, appelé en France « abus de bien sociaux », et défini de la manière suivante par le Code de commerce : se rendent coupables d'abus de biens sociaux ceux qui feraient « de *mauvaise foi*, des biens ou du crédit de la société, un usage qu'ils savent contraire à l'intérêt de celle-ci », soit « à des fins personnelles ou pour favoriser une autre société ou *entreprise* dans laquelle ils sont intéressés directement ou indirectement ». La sanction peut aller jusqu'à cinq ans de prison.

Au cours des dernières décennies, la sphère économique a pourtant senti la nécessité de compléter les dispositifs de l'environnement juridique. En effet, si les comportements répréhensibles des actionnaires font l'objet de sanctions assez uniformes de par le monde, ils ne permettent pas de circonscrire les dysfonctionnements graves provenant d'un « excès » de pouvoir des actionnaires. Le terme est ici mis entre guillemets car il se réfère justement à des situations où, le droit ne trouve rien à redire et où pourtant le malaise est croissant, conduisant à de véritables rejets de l'attitude générale des détenteurs d'actions. Ce sont notamment les cas évoqués plus haut, où sans être illégales, les décisions ne sont motivées que pour la satisfaction des seuls capitaux propres, et encore, surtout de ceux des majoritaires, au détriment de tous les autres intérêts concernés par l'entreprise.

Stakeholder vs shareholder : la nécessaire prise en compte de l'ensemble des parties prenantes

Le monde anglo-saxon a bien résumé cette nécessité de réviser le fonctionnement du capitalisme, sinon dans les principes du droit, au moins dans l'esprit de leur exercice, en procédant à un néologisme. « Actionnaire » se traduit en effet en anglais par *stockholder* (« détenteur d'actions »). En jouant sur la proximité des mots et des sonorités, le concept de *stakeholders* s'est peu à peu imposé à côté de celui de *stockholders*, néologisme qui traduit la nécessité croissante d'intégrer les attentes de tous les « partenaires » (traduction possible de *stakeholders*, qui a le mérite de rimer avec « actionnaires ») ou de toutes les « parties prenantes », si on accepte la traduction qui s'est imposée en français, plus littérale (et pas forcément plus heureuse).

L'idée dominante de l'approche dite « des parties prenantes » est bien, dans un premier temps, l'intégration des intérêts des actionnaires dans les décisions. Malgré les excès que nous avons relevés, il ne faut pas oublier que le désir des actionnaires de contrôler *a minima* les dirigeants est parfaitement légitime. Mais l'entreprise étant aussi un objet social, elle interagit également sur une quantité d'acteurs plus ou moins proches, mais tous concernés en positif ou en négatif par les orientations choisies. Parmi les « parties prenantes » le plus souvent évoquées se trouvent les salariés, les clients, les fournisseurs ; mais aussi les pouvoirs publics, les consommateurs, les citoyens dans leur ensemble.

Cette vision de plus en plus élargie des interactions entre l'entreprise et son environnement a peu à peu conduit à une réflexion non seulement théorique mais aussi politique. Il s'agissait d'inciter les décideurs, de gré ou de force, à ne pas se cantonner aux exigences de leurs principaux bailleurs de fonds actionnaires en préconisant quelques mesures pertinentes.

La ligne était étroite puisqu'il n'a jamais été question de remettre en cause le fondement même de notre système économique, ce pouvoir du propriétaire, à l'origine de toute initiative entrepreneuriale. Cependant, considérant que toutes les parties prenantes avaient intérêt à fonctionner ensemble de manière plus harmonieuse, il semblait possible d'orienter un certain nombre de pratiques pour favoriser l'ouverture d'esprit des actionnaires, ou de ceux qui agissaient en leur nom.

Cette approche, dès les années 1990, donc bien avant la crise et les critiques adressées à un capitalisme obnubilé par la rentabilité financière, poussa sur le devant de la scène le courant de la gouvernance. Là encore, le terme est d'origine anglo-saxonne. « Gouvernance » est plus large que « gouvernement », moins impératif, plus consensuel. La gouvernance concerne la prise de décision, mais indique la prise en compte de ce qui l'entoure, permet de décentrer en quelque sorte le moment crucial de la décision, quand il s'agit de trancher en toute connaissance de cause.

C'est pourquoi la gouvernance d'entreprise s'orienta autour de deux directions majeures : une consistant à provoquer, à intensifier la transparence des processus décisionnaires ; une autre visant à standardiser les structures périphériques dans lesquelles s'insèrent les stratèges.

Opacité = danger

La transparence est le premier des axes incitatifs du management des entreprises. Prendre une décision au détriment de parties prenantes en toute impunité est plus facile dans un environnement opaque. Lorsque cette logique de comportement apparaît de manière explicite, la justification en devient plus ardue. Surtout, les concurrents peuvent tirer parti de cette attitude et s'engouffrer dans cette brèche. Par exemple, une entreprise refusant, à la demande de son actionnariat, de se soumettre à des contraintes environnementales pour augmenter sa profitabilité à court terme risque fort d'être attaquée sur ce point précis par des concurrents ayant satisfait à ces exigences d'une gestion responsable. Plus les tenants et aboutissants de chaque décision seront dévoilés de manière complète, rapide, plus la pression positive de toutes les parties prenantes pourra se faire sentir.

C'est la raison d'un effort de plus en plus précis des autorités en général, qu'elles soient politiques ou techniques, pour définir comment déboucher sur une transparence concrète. Dans l'histoire économique récente, la réaction des autorités américaines à la faillite d'Enron à la fin de l'année 2001 apparaît comme un moment clé. La publication de la loi dite Sarbanes-Oxley (Sox), dont un prolongement édulcoré peut être trouvé dans la loi française dite LSF (loi sur la sécurité financière), est symbolique à plus d'un titre. Son but était de répondre à une défaillance globale de la gouvernance, révélée par le scandale d'Enron, où quelques actionnaires majoritaires et dirigeants avaient agi dans leurs seuls intérêts, n'hésitant pas à utiliser, voire à provoquer, la faillite d'une société géante de plus de 100 milliards de dollars de chiffre d'affaires. Le traumatisme qui en résulta pour la société américaine dans son ensemble obligea à réagir afin d'engager une réflexion concrète sur l'émergence d'un capitalisme plus éthique.

Plusieurs voies concrètes furent explorées : d'abord, la recherche d'une plus grande transparence, à travers la mise en place d'un contrôle interne sophistiqué reposant sur un système d'information interne très complexe ; ensuite, l'encadrement des procédures par des auditeurs externes, dont la responsabilité était susceptible d'être engagée au même titre que celle de leurs commanditaires ; enfin, et c'était l'un des apports importants de la loi, la sanction sur le plan pénal des dirigeants ayant organisé l'opacité de leur activité.

Actionnaires et dirigeants se doivent ainsi de prendre en considération les contrôles extérieurs dont ils font l'objet sans pouvoir s'y dérober.

Un nouveau formalisme institutionnel dans les grandes entreprises

Mais la logique de gouvernance a été plus loin. Pour que les décisions des entreprises ne soient pas envisagées selon la logique unique du capital, elles sont désormais encadrées par des structures formelles, notamment dans les sociétés importantes dans lesquelles la pression des actionnaires est la plus forte. Le rôle des administrateurs, observateurs, censeurs ou conseillers naturels des dirigeants s'en est trouvé renforcé. Aux États-Unis (dans la loi Sox entre autres) comme en Europe, l'indépendance des administrateurs est un des éléments clés de cette nouvelle gouvernance. Ce sont eux qui doivent se faire les avocats d'une vision élargie des décisions de gestion. Ils sont regroupés dans un conseil d'administration classique, ou dans les doubles tutelles que sont le directoire (l'exécutif) et le conseil de surveillance. Mais d'autres organes sont apparus au cours des dernières années, comme les comités d'audit ou les comités de rémunération. Ces entités ont pour but de découpler certains aspects cruciaux de la direction d'entreprise. Quelles sont toutes les conséquences d'une décision ? Il est désormais acquis que seul un audit impartial permet de le savoir, il doit donc être mené en dehors du processus habituel utilisé par les dirigeants. De même, le comité de rémunération dissocie bien les avantages personnels retirés d'une orientation stratégique, et ceux de l'entreprise dans son ensemble, en incluant toutes ses parties prenantes.

Le comportement général des entreprises a changé du fait de ce type de mesure – même si nous aurons l'occasion d'en discuter plus avant l'efficacité[1]. On peut évoquer à ce titre les efforts importants déployés pour apparaître davantage citoyen. Dans certains secteurs d'activité, ce peut être par des investissements privilégiant la croissance verte ; dans d'autres, par l'accent mis sur la responsabilité sociale vis-à-vis de la jeunesse grâce à la création, par exemple, d'établissements dans des banlieues difficiles ou par la mise en place de formations continues destinées aux jeunes défavorisés. Enfin, il peut aussi s'agir pour les entreprises d'analyser scrupuleusement les pratiques des fournisseurs et clients, afin de refuser de traiter avec ceux qui adopteraient des comportements contraires aux droits de l'homme, et de privilégier au contraire les attitudes socialement responsables.

Plus la gouvernance a été subtile, plus ces types de retombées ont été forts. Le phénomène est général dans tous les grands pays riches.

1. Dans le chapitre suivant, « Les dirigeants sont-ils vraiment conseillés ? », nous verrons par exemple que l'indépendance des administrateurs n'est pas un gage absolu d'efficacité.

QUELLES PISTES D'ÉVOLUTION ?

Après ce balayage rapide de quelques grandes évolutions du management depuis plusieurs années, il est frappant de constater combien avaient été anticipées les critiques radicales exprimées depuis le début de la crise.

Mais si le problème avait été perçu, les solutions envisagées étaient sans doute imparfaites.

Dès lors, de nouvelles propositions doivent être formulées. Demain, il s'agira de s'appuyer encore plus sur le dynamisme des entrepreneurs pour gérer au mieux la sortie de crise en termes d'emplois, en termes de bénéfices et donc de retombées fiscales positives pour les États occidentaux, mais aussi en termes de compétitivité accrue face à une menace concurrentielle de plus en plus vive en provenance des pays émergents.

L'entreprise ne pourra délaisser la rémunération indispensable du capital engagé dans ses projets, tout autant qu'elle devra, qu'elle doit, se réconcilier avec l'opinion publique dans son ensemble, en particulier avec la jeunesse. Nombreux sont ceux qui ont été très affectés par des attitudes semblant ne répondre qu'à des exigences purement financières et au détriment de tout humanisme.

Le chemin est étroit, surtout si les règles du jeu ne sont pas les mêmes pour tous, en particulier entre pays émergents et pays développés. Il faut sans doute exprimer une mise en garde : la tentation réglementaire pourrait de ce point de vue présenter plus de dangers que d'avantages. L'expérience Sox évoquée plus haut l'a démontré : quand un pays (en l'occurrence les États-Unis) souhaite se placer à la pointe du combat éthique dans l'économie en réprimant les récalcitrants, il risque surtout de fortes attaques concurrentielles, couplées à un exil de ses entreprises. Le terme anglo-saxon *overruling* (« excès de droit ») traduit bien ce risque de voir de nobles motivations contournées ou rester lettre morte du fait de l'hétérogénéité des politiques nationales.

Cependant les deux axes principaux de la gouvernance évoqués ci-dessous peuvent constituer des axes de travail cohérents.

La transparence la plus forte est toujours la pratique permettant de lever les soupçons. Une entreprise opaque n'est pas crédible dans ses dénégations lorsqu'elle se défend de n'avoir qu'une vision d'actionnaires. Ces derniers sont toujours supposés bénéficier du secret des profits et de leur utilisation. La double logique de la transparence doit être maintenue : celle d'une uniformisation internationale d'abord, incluant la régulation des marchés ; celle de la sanction des fauteurs de troubles ensuite, qui, pour être efficace, doit prendre un caractère plus intense et, là aussi, plus concerté.

Dans une logique encore plus positive, il est nécessaire de valoriser davantage les efforts des entreprises ayant une vision de long terme (qui intéresse aussi l'actionnaire), susceptible d'être élargie aux préoccupations d'un maximum de parties prenantes. Comment ? Par une politique audacieuse de valorisation de l'immatériel. Dans le bilan des entreprises, cet actif, car c'en est un, doit faire l'objet de toutes les attentions, avec l'accord, voire l'appui, des autorités concernées, qu'elles soient fiscales, comptables ou financières.

Car, n'en doutons pas, il est possible de réconcilier les intérêts en jeu dans le fonctionnement de l'entreprise, les actionnaires et autres financiers n'étant pas forcément opposés aux autres parties prenantes.

CHAPITRE 5

Les dirigeants sont-ils vraiment conseillés ?

Christine Pochet

Faut-il réformer la gouvernance des entreprises? Tirant les enseignements de la crise financière, gouvernements et régulateurs s'interrogent sur sa réelle nécessité (OCDE, 2009), notamment dans le cas des institutions financières. Parmi les mécanismes de gouvernance susceptibles d'être revus figure naturellement le conseil d'administration, à la fois en raison du rôle de premier plan qu'il joue en la matière et des attaques dont il a récemment fait l'objet, sur le mode « *Where were the boards ?* » (George, 2008).

La crise récente n'est pas la première occasion pour les actionnaires et le public en général de conspuer les administrateurs. Cumulards, incompétents, cupides, pris dans des conflits d'intérêts avec ceux-là mêmes qu'ils sont censés surveiller, les reproches qui leur sont adressés sont multiples et formulés depuis longtemps. Alors que la fonction d'administrateur a cessé d'être la fonction honorifique qu'elle a longtemps été pour tendre à devenir un métier, alors que la loi (*hard law*) et les bonnes pratiques (*soft law*) encadrent de plus en plus étroitement le fonctionnement des conseils, comment expliquer que leur efficacité soit encore prise en défaut?

Dans le passé, c'est le défaut d'indépendance des administrateurs qui leur a été le plus souvent reproché. Le capitalisme de copains (*cronyism*) est souvent évoqué lors de la découverte de scandales financiers comme les affaires Vivendi ou Rhodia. Dans les conseils de ces sociétés siégeaient de prestigieux administrateurs (chez Vivendi, Marc Viénot, PDG de la Société Générale, ou encore Bernard Arnault et Serge Tchuruk, PDG d'Alcatel ; chez Rhodia, Thierry Breton qui y présidait le comité des comptes). Tout récemment encore, lors du procès d'Antoine Zacharias pour abus de biens sociaux, la représentante du ministère public a pointé le manque d'indépendance de certains administrateurs pourtant étiquetés comme tels : « Patrick Faure et Alain Minc étaient en relation d'affaires avec Vinci et ça n'a gêné personne quand ils ont été nommés au comité des rémunérations en 2000... »

Mais la question nouvelle soulevée par la crise financière est celle de la compétence des administrateurs au regard de la complexité des questions traitées par les conseils, notamment celle de l'appréciation des risques. Ainsi que le relève l'OCDE, « le principal choc procuré par la crise financière est peut-être la faillite générale du management des risques ». En la matière, l'absence de compétence des administrateurs des institutions financières est apparue en pleine lumière. Tout d'abord, les administrateurs n'ont pas pu ou pas su obtenir une information pertinente sur l'exposition globale de l'entreprise au risque, la gestion des risques étant déléguée à des entités décentralisées. La gestion des risques est apparue comme déconnectée de la stratégie de l'entreprise. Les responsables de la gestion des risques ne rapportant pas au conseil, les administrateurs ne disposaient pas des éléments d'information qui leur auraient permis de vérifier que le niveau de risque assumé était compatible avec la stratégie de l'entreprise. Les conseils des banques, et, en particulier, les administrateurs indépendants qui auraient dû jouer ce rôle, n'ont donc pas été en mesure d'alerter les dirigeants ou de les amener à reconsidérer leur stratégie.

Au-delà de la sphère financière, la question de l'implication du conseil d'administration dans la gestion des risques est posée. En effet, toutes les entreprises se trouvent exposées à une diversité de risques (opérationnel, stratégique, de marchés...) dont il importe de s'assurer qu'ils sont identifiés et gérés. Plus largement, c'est la capacité des administrateurs à conseiller les dirigeants dans la formulation et l'évaluation de leur stratégie qui est en cause. Les administrateurs, supposés compétents, le sont-ils vraiment ? Les dirigeants sont-ils réellement conseillés ? Sinon, faut-il réformer les règles de gouvernance relatives à la composition des conseils ? Comment renforcer la contribution des conseils à la réflexion stratégique ?

S'il est un mécanisme de gouvernance d'entreprise qui a retenu l'attention des chercheurs et des praticiens, c'est bien le conseil d'administration. Les premiers ont notamment analysé les fonctions remplies par le conseil et les seconds ont formalisé les règles relatives à sa composition, censées garantir son efficacité. Après un bref rappel de ces éléments, nous proposons quelques pistes pour favoriser l'exercice par les administrateurs de leur rôle de conseil auprès des dirigeants.

MISSIONS DU CONSEIL ET COMPOSITION REQUISE

Les travaux académiques ont distingué deux grandes fonctions du conseil d'administration : une fonction de contrôle et une fonction de conseil, respectivement mises en avant par la théorie de l'agence et la théorie dite des ressources.

Selon la théorie de l'agence, le conseil d'administration a pour mission de protéger les actionnaires contre le risque de mauvaise gestion (voire de gestion opportuniste) de l'entreprise par des dirigeants dont la latitude décisionnelle est importante. Cette analyse concerne surtout les entreprises à capital dispersé, dites managériales, dans lesquelles les actionnaires sont dépourvus d'incitation à surveiller les actions du dirigeant du fait de la modicité de leur investissement. Dans cette perspective, un conseil majoritairement indépendant constitue un mécanisme susceptible de palier la position de faiblesse des actionnaires et de défendre leurs droits. Dans les entreprises contrôlées, il importe surtout de protéger les minoritaires contre les décisions de l'actionnaire majoritaire qui pourraient être contraires à leurs intérêts. C'est la raison pour laquelle la présence d'administrateurs indépendants reste souhaitable, quoique en moindre proportion. La théorie de l'agence exprime donc une conception strictement disciplinaire du rôle du conseil d'administration, investi avant tout d'une mission de contrôle.

Pour la théorie des ressources en revanche, le conseil d'administration constitue pour l'entreprise un ensemble de compétences dans lequel elle pourra puiser pour sélectionner et évaluer les différentes alternatives stratégiques et, plus généralement, améliorer la qualité du processus de décision stratégique. Le conseil est donc une ressource pour le dirigeant. Sa composition doit permettre à celui-ci de trouver les aptitudes et compétences nécessaires à la mise en œuvre de la stratégie de l'entreprise. Le conseil joue donc ici un rôle de soutien à la prise de décision stratégique par le dirigeant. Or une enquête conduite en 2008 par McKinsey auprès d'un échantillon international de près de six cents administrateurs a révélé que 50 % d'entre eux considéraient que les conseils d'administration devraient réallouer leur temps de façon à se consacrer à la stratégie (McKinsey, 2008). Il semble donc que le potentiel de contribution des conseils d'administration à l'élaboration de la stratégie soit aujourd'hui sous-exploité.

Se demander si les dirigeants sont vraiment conseillés, c'est au fond s'interroger sur la capacité des conseils d'administration à remplir correctement leur double fonction, disciplinaire et de conseil. De façon schématique, on peut admettre que l'indépendance vis-à-vis de la direction est un prérequis pour l'exercice par un administrateur de sa fonction disciplinaire. En revanche, la première des qualités pour exercer un contrôle efficace sur la stratégie, c'est la compétence de l'administrateur. Mais elle doit se doubler chez certains d'entre eux de l'indépendance requise pour pouvoir contester la stratégie portée par l'équipe dirigeante. On voit d'emblée qu'un équilibre entre les deux qualités doit être trouvé dans la composition des conseils.

LES BONNES PRATIQUES RELATIVES À LA COMPOSITION DES CONSEILS

En matière de composition des conseils d'administration, les « bonnes pratiques » reflètent la domination exercée par la théorie de l'agence. La plupart des codes existants préconisent ainsi la présence d'une majorité d'administrateurs indépendants dans les conseils des entreprises à capital dispersé. C'est par exemple le cas du rapport AFEP-MEDEF en France ou du *Combined Code* au Royaume-Uni. Pour les entreprises possédant un actionnaire majoritaire parmi les administrateurs, le rapport AFEP-MEDEF préconise un tiers d'indépendants.

Sous la pression des investisseurs institutionnels, relayés par les régulateurs, les entreprises cotées se sont progressivement conformées aux exigences formulées en matière d'indépendance des conseils. Selon Korn Ferry International, les sociétés du CAC-40 comportaient 46 % d'administrateurs qualifiés d'indépendants en 2006, soit l'un des taux les plus élevés des grandes places financières. Selon le code AFEP-MEDEF, un administrateur indépendant « n'entretient aucune relation de quelque nature que ce soit avec la société, son groupe, ou sa direction, qui puisse compromettre l'exercice de sa liberté de jugement ».

Mais il est très rare que les codes de gouvernance incluent des recommandations relatives à la compétence des administrateurs, à l'exception des membres des comités d'audit. Ainsi, selon le code AFEP-MEDEF, les membres du comité d'audit doivent être à la fois indépendants et compétents en matière comptable et financière. De même la huitième directive européenne modernisée sur le contrôle des comptes (directive 2006/43/CE) prévoit-elle que, dans les entités d'intérêt public, « au moins un membre du comité d'audit doit être indépendant et compétent en matière de comptabilité et/ou d'audit ».

La contrepartie de l'indépendance risque ainsi bien souvent d'être une méconnaissance du secteur d'activité de l'entreprise au conseil de laquelle siège l'administrateur. C'est ce que confirment les résultats de l'enquête McKinsey déjà évoquée. En effet, seuls 62 % des administrateurs interrogés estiment que leur conseil dispose d'une véritable expertise des enjeux de stratégie sectorielle de l'entreprise. On peut même penser que l'accent mis sur l'exigence d'indépendance dans les « bonnes pratiques » de gouvernance a pu être exploité par certains dirigeants pour constituer des conseils impuissants, à défaut d'être complaisants. La composition du conseil d'administration de Lehman Brothers (anciens CEO de Vodafone, Telemundo, IBM, Halliburton et Sotheby's plus un amiral à la retraite et un producteur de théâtre) semble à cet égard exemplaire des dérives engendrées par une interprétation opportuniste du critère d'indépendance.

Comment un administrateur dépourvu des compétences nécessaires pourrait-il exercer son rôle de contrôle stratégique ? Il se trouve contraint de recourir aux informations transmises par le dirigeant et incapable de mener sa propre analyse. Cette situation d'asymétrie d'information radicale entre l'administrateur indépendant et le dirigeant a été identifiée sous le nom de « paradoxe de l'indépendance » par deux chercheurs (Hooghiemstra et van Manen, 2004). En effet, l'absence de liens entre ces administrateurs et l'entreprise les place en situation de dépendance à l'égard des dirigeants pour obtenir l'information dont ils ont besoin pour accomplir leur tâche. Le défaut de compétences les rend également vulnérables au risque de manipulation par le dirigeant et les administrateurs exécutifs.

Ainsi la Halifax-Bank of Scotland (HBOS), rachetée par Lloyds TSB le 19 septembre 2008, victime de la crise des *subprimes*, ne comportait-elle aucun administrateur doté d'une expérience du secteur bancaire parmi ses neuf administrateurs indépendants. Le président du conseil lui-même était dépourvu d'expérience en matière bancaire. Ainsi que le résume un observateur : « *The nub of the problem was that the bank's inexperienced and incompetent board of directors had deluded themselves into thinking that the UK property market was on a permanent upwards trajectory*[1]. »

À cela s'ajoute le fait que la fonction d'administrateur n'est pas une fonction exercée à temps plein. Certains administrateurs indépendants siègent ainsi au conseil de plusieurs entreprises, quand ils ne sont pas eux-mêmes dirigeants d'une grande entreprise cotée. À l'asymétrie d'information s'ajoute alors le manque de temps pour préparer les séances du conseil et étudier les documents fournis. Même si la plupart des pays limitent le cumul des mandats[2], on peut penser que ces dispositions devraient être renforcées. Ainsi, l'Institut français des administrateurs (IFA) suggère que, lorsqu'un administrateur exerce des responsabilités exécutives dans une société cotée, il ne détienne pas plus de deux autres mandats d'administrateur dans des sociétés cotées, en dehors des filiales du groupe.

1. « Le fond du problème résidait dans le fait que les administrateurs de la banque, incompétents et inexpérimentés, se sont laissé convaincre que le marché immobilier britannique était sur une trajectoire ascendante permanente. »

2. En France, le nombre maximum de mandats détenus par une personne physique est limité à cinq (hors mandats détenus au sein d'un groupe).

DUALISME : LES LIMITES DU MODÈLE BRITANNIQUE

À la différence des États-Unis, adeptes du système moniste de *Chairman & CEO*, le Royaume-Uni est le pays de référence du système du président non exécutif du conseil (*Chairman*) et du directeur général exécutif (*Chief Executive Officer*). Ainsi que le rappelle Saint-Geours, « la bonne pratique, très recommandée, interdit de désigner l'ancien CEO comme *Chairman* : 95 % des entreprises du FTSE 100 se conforment à cette recommandation ».

Cette règle repose sur l'analyse selon laquelle on ne peut être juge et partie. Le conseil remplissant, entre autres, une fonction disciplinaire, cette fonction ne saurait être remplie dans de bonnes conditions si le président n'est autre que le principal dirigeant de l'entreprise. Ici encore, c'est l'indépendance qui est le principe fondateur de la bonne pratique.

En France, où de nombreuses entreprises avaient fait le choix de dissocier les fonctions de président et de directeur général, la règle a été vidée de son contenu dans les cas, très fréquents, où le président n'était autre que l'ancien PDG. Le système était alors utilisé comme un moyen de management de la carrière des dirigeants. Moyen au demeurant conjoncturel car, après le départ à la retraite de ces anciens PDG, la réunification des fonctions est souvent opérée. Cette instabilité de la gouvernance ne peut que dérouter les actionnaires et leur faire craindre une utilisation opportuniste de la dualité des fonctions de président et directeur général.

Si l'on saisit bien la justification du principe de dualité des fonctions de direction et de contrôle se pose la question de la compétence du *Chairman*. Là encore, la crise financière nous éclaire sur les limites d'une bonne pratique appliquée sans discernement. Nous l'avons vu, dans les banques britanniques en difficulté (HBOS, RBS, Northern Rock), le *Chairman* ne disposait d'aucune expérience du système bancaire. Indépendant certes, mais pas compétent, on voit mal comment il aurait pu agir efficacement pour infléchir la stratégie des dirigeants.

Comment améliorer la gouvernance des entreprises pour faire en sorte que les administrateurs remplissent effectivement leur rôle de conseil vis-à-vis des dirigeants ? De l'analyse qui précède, il ressort, d'une part, que les administrateurs indépendants souffrent souvent d'un défaut de compétence et d'expérience dans le secteur de l'entreprise au conseil de laquelle ils siègent ; d'autre part, qu'ils sont structurellement en situation d'asymétrie d'information vis-à-vis de ceux-là mêmes dont ils doivent évaluer la stratégie. Il convient donc d'agir sur ces deux fronts.

INDÉPENDANCE ET COMPÉTENCE : LES COMBINER PLUTÔT QUE LES OPPOSER

Ce que la crise a mis en lumière de manière évidente, c'est que la compétence est une condition nécessaire d'une réelle indépendance. Évoquer la nécessité d'arbitrer entre ces deux qualités lorsque l'on réfléchit à la composition idéale d'un conseil n'est donc pas pertinent. Les administrateurs indépendants devraient être, au moins pour une partie d'entre eux, suffisamment compétents pour être en mesure de contester les analyses produites par les administrateurs exécutifs.

Or, on l'a vu, en matière de composition des conseils, tant la *hard law* que la *soft law* ont jusqu'ici accordé à l'indépendance un poids considérable, au détriment de la compétence.

Autrement dit, c'est une conception disciplinaire de la gouvernance qui a prévalu jusqu'ici. Nous défendons ici la thèse selon laquelle la crise financière met en évidence la nécessité de rééquilibrer la composition des conseils dans le sens d'une exigence accrue de compétences de la part des administrateurs.

Plusieurs rapports produits récemment dans le but de tirer les leçons de la crise bancaire en matière de gouvernance expriment un tel point de vue. Ainsi l'OCDE (2009), dans un document intitulé *La Crise financière : réforme et stratégies de sortie de crise*, recommande-t-elle de sélectionner les administrateurs des institutions financières sur un critère de compétence et pas seulement d'indépendance, les compétences couvrant en particulier le domaine de la gestion des risques. Au Royaume-Uni, le rapport Walker (2009) souligne également l'importance pour les entreprises du secteur financier de nommer des administrateurs possédant les compétences et l'expérience requises pour jouer pleinement leur rôle de conseil auprès des dirigeants. Considérant que le *Combined Code* a sans doute poussé à l'excès l'exigence d'indépendance en prohibant le recrutement comme administrateurs indépendants d'anciens collaborateurs ayant servi dans l'entreprise depuis moins de cinq ans, le rapport Walker encourage les banques à s'affranchir de cette recommandation, à charge pour elles, suivant le principe « *comply or explain*[1] », de justifier de telles nominations par l'apport de compétences et d'expérience qu'elles fournissent au conseil. Mais il va même jusqu'à envisager une évaluation de la composition des conseils par l'autorité de contrôle (la FSA) qui vérifierait les qualifications des membres, en particulier eu égard à leur capacité à évaluer le risque. Des auditions préalables pourraient être envisagées dans le cas des conseils des cent banques et assurances cotées au Royaume-Uni. Cette proposition milite en faveur de la constitution d'un vivier d'administrateurs « labellisé » pour participer à des conseils.

Il importe donc de veiller à ce que le conseil d'administration rassemble les compétences requises pour jouer pleinement son rôle d'élaboration de la stratégie. Par exemple, il est essentiel de disposer d'un expert dans les domaines fonctionnels ainsi que les zones géographiques clés. Au-delà de l'expertise, certains traits

1. Voir à ce sujet le chapitre « Les dirigeants font-ils l'objet de sanctions adaptées ? ».

de personnalité des administrateurs, comme la pondération et le courage, sont de nature à favoriser la contribution du conseil à la réflexion stratégique. Le recrutement des administrateurs indépendants ne doit donc pas se borner à vérifier l'absence de conflits d'intérêts et l'expertise des candidats mais cibler des profils de personnalité particuliers.

La pratique du dualisme devrait également être aménagée de façon à imposer au *Chairman* non exécutif d'être doté d'une expérience préalable du secteur de l'entreprise dont il préside le conseil. Naturellement, cela complique la tâche des comités de nomination dans la mesure où le vivier des administrateurs à la fois indépendants et compétents est nécessairement étroit. Il est néanmoins possible de développer les compétences des administrateurs indépendants à l'aide de programmes dédiés.

FORMER LES ADMINISTRATEURS INDÉPENDANTS

Être administrateur impose des devoirs et entraîne une responsabilité à l'égard des actionnaires. Cela ne s'improvise pas. Depuis une quinzaine d'années, on observe une professionnalisation de la fonction d'administrateur favorisée par l'apparition d'associations professionnelles, tels l'Institut français des administrateurs (IFA) ou l'Institute of Directors (IoD) au Royaume-Uni. Ces entités proposent des formations généralistes visant à renforcer les compétences des administrateurs dans les domaines de la gouvernance d'entreprise, du droit des sociétés, de la stratégie. Dans le cas de l'IoD, certaines de ces formations sont certifiantes (*Certificate in Company Direction*; *Diploma in Company Direction*). À l'instar des commissaires aux comptes ou des avocats qui ont une obligation légale de mise à jour de leurs connaissances par la formation continue, on pourrait imaginer que les administrateurs soient eux aussi soumis à une telle obligation.

Plusieurs voix se sont par ailleurs élevées pour suggérer que des programmes de formation des administrateurs indépendants soient proposés par les entreprises afin de les familiariser avec l'activité de celle-ci. Ces formations, spécifiques aux entreprises, apporteraient un complément utile aux programmes généralistes proposés par les instituts.

FOURNIR AUX ADMINISTRATEURS UNE INFORMATION DE QUALITÉ

Afin de traiter la question du «paradoxe de l'indépendance» évoquée plus haut, il est essentiel d'assurer aux administrateurs indépendants un accès aux informations qui leur permettront de nourrir leur réflexion. À cet égard, le rapport de l'AMF (2008) sur le gouvernement d'entreprise et le contrôle interne mentionne, parmi les points d'amélioration cités par les administrateurs lors de l'évaluation des travaux du conseil, «le souhait d'avoir plus d'informations sur certains sujets (les concurrents, les différents métiers du groupe, etc.)». Que cette information prenne la forme d'un tableau de bord mensuel ou d'une note de synthèse de quelques pages, il est essentiel qu'elle soit structurée. Ce flux régulier d'information doit être complété par des contacts avec le terrain, permettant aux administrateurs d'échanger hors de la présence des dirigeants avec les principaux *stakeholders* de l'entreprise (salariés, fournisseurs, distributeurs notamment). Enfin, au-delà des programmes de formation aux métiers de l'entreprise sur certains sujets techniques, il est recommandé que les dirigeants proposent aux administrateurs qui en ressentiraient le besoin des sessions ciblées. Ceci permet ensuite d'optimiser le temps consacré au débat par le conseil en évitant d'avoir à répondre en séance à des questions dépourvues de valeur ajoutée.

STRUCTURER LE PROCESSUS DE RÉFLEXION STRATÉGIQUE

D'après l'étude de McKinsey citée précédemment, environ un quart du temps de travail du conseil est consacré aux questions de stratégie. Compte tenu de la pression temporelle qui s'exerce sur eux du fait de l'étendue de leurs responsabilités, les administrateurs doivent pouvoir travailler de la manière la plus efficace possible lorsqu'ils se consacrent à cette dimension essentielle de leur fonction. Pour cela, il est indispensable d'organiser une démarche structurée d'échanges entre le dirigeant et les administrateurs permettant d'aboutir à une formulation de la stratégie susceptible d'être ensuite discutée collectivement, par exemple dans le cadre d'un séminaire de deux jours exclusivement consacré à ce sujet (Charan, 2009). Sur la base de ce processus de réflexion annuelle, des mises à jour pourront être effectuées lors des séances du conseil, chaque fois que les modifications de l'environnement l'exigeront.

CONCEVOIR L'ÉVALUATION DES TRAVAUX DU CONSEIL COMME UN LEVIER DE PERFORMANCE

La plupart des codes de bonne conduite recommandent aux dirigeants des entreprises cotées de procéder à une évaluation des travaux du conseil. Ce travail d'évaluation peut être mené par le conseil lui-même : il s'agit alors d'une auto-évaluation. De plus en plus souvent, conformément aux recommandations des codes de gouvernance, ces évaluations sont conduites de manière indépendante par des cabinets spécialisés. Composition du conseil, périodicité et durée des réunions, assiduité, sujets traités, qualité de l'information fournie constituent les thèmes abordés dans ces évaluations. Plutôt que de traiter la conduite de ce processus d'évaluation de façon formelle, il est possible d'en tirer des enseignements précieux pour améliorer la performance du conseil. Les éléments d'information procurés par les questionnaires pourront être approfondis par le biais d'entretiens individuels avec les administrateurs. L'analyse de ces entretiens procurera en général à l'entreprise des pistes d'amélioration importantes en matière de fonctionnement du conseil tant au plan de l'organisation générale des travaux qu'à celui de la contribution individuelle de chacun de ses membres.

Faut-il légiférer pour renforcer l'efficacité des conseils d'administration ? Jusqu'à présent, les interventions du législateur au cours de la décennie passée ont surtout visé à renforcer l'indépendance des membres des conseils et non leur compétence, à l'exception notable de celle des membres du comité d'audit. Les études menées sur le fonctionnement des comités de nomination montrent d'ailleurs que ce critère n'est pas central dans les processus de sélection des candidats. Pourtant, nous avons vu que s'il y a bien une leçon à tirer de la crise en matière de gouvernance, c'est la nécessité d'insister sur la compétence des administrateurs. C'est une des leçons de la crise financière en matière de gouvernance et elle devrait inspirer les régulateurs. Aujourd'hui, l'AMF impose aux prestataires de services d'investissement l'obligation de vérifier que les personnes physiques placées sous leur autorité disposent « des qualifications et de l'expertise appropriées ainsi que d'un niveau de connaissances suffisant », soit au moyen d'une évaluation interne, soit en vérifiant que ces personnes ont réussi un examen externe certifié. On pourrait imaginer que le régulateur de marchés français recommande demain aux conseils d'administration des sociétés cotées de formaliser la prise en compte du critère de compétence lors de la nomination de nouveaux administrateurs et d'en rendre compte aux actionnaires. Ce serait franchir un pas significatif dans la professionnalisation de la fonction d'administrateur.

CHAPITRE 6

Les dirigeants prennent-ils trop de risques ?

Éric Lamarque

Taxer le risque. L'idée fait aujourd'hui son chemin dans les grands pays européens et les ministres de l'Économie s'acheminent vers de tels dispositifs, pour les banques bien sûr, car quelle autre activité symbolise mieux l'excès de prise de risques, avec les conséquences que l'on sait ? À y regarder de plus près, l'idée fait aussi son chemin dans d'autres domaines. La taxe carbone, bien que renvoyée à plus tard, aurait conduit à taxer ceux à l'origine des plus fortes émissions, émissions dont nous sommes, dans une très grande majorité, persuadés du risque majeur qu'elles font courir à la planète. Quelle justification avance-t-on dans chaque cas ? Les banques font le constat que les activités risquées (sur lesquelles il reste à se mettre d'accord) permettent des bénéfices élevés en période favorable sur les marchés. L'argent ainsi obtenu permettra de constituer un fond vers lequel on pourra se tourner en période difficile et ne plus recourir à l'aide de l'État. Pour les émetteurs de carbone, l'objectif affiché est d'utiliser les recettes de cette taxe pour engager des dépenses associées à la politique de développement durable. Mais dans les deux cas, ce qui est plus ou moins explicitement attendu, c'est un comportement moins risqué des acteurs concernés, puisque naturellement il est bien difficile d'espérer qu'une lucidité naturelle les conduise à la prudence face à la quasi-certitude d'une future catastrophe. Taxer est donc considéré comme le bon moyen pour encadrer les comportements.

La prise de risque est donc avant tout une question d'état d'esprit et de comportement avant d'être le fruit d'un calcul précis. La plupart des petits investisseurs sur les marchés sont adverses aux risques. Tout entrepreneur, au contraire, est, par nature, un preneur de risque. La décision finale est donc le résultat d'un arbitrage entre sa propre perception du risque, selon sa situation individuelle, et le résultat qu'il peut espérer (gain financier immédiat, reconnaissance dans l'entreprise, sanctions possibles...). Poser la question : « Les dirigeants prennent-ils trop de risques ? » revient alors à se poser la question de la mesure entre le niveau de risque pris et la rentabilité que l'on peut en attendre. Pour beaucoup, la recherche de la rentabilité maximale conduit à prendre un risque maximal d'autant plus que, lorsque celui-ci se concrétise, les pertes semblent bien supérieures aux bénéfices passés. Faire néanmoins aux dirigeants un tel procès d'intention implique que ceux-ci aient une bonne connaissance de la relation entre le niveau de risque et la rentabilité espérée ; dit autrement, qu'en fonction de la rentabilité qu'ils attendent, ils sachent quel niveau de risque ils prennent et l'assument. Est-ce possible ? Dispose-t-on des outils pour cela ? Que peut-on faire pour mieux encadrer les comportements en la matière ?

UNE PERCEPTION DÉLICATE DE LA RELATION ENTRE LE RISQUE ET LA RENTABILITÉ ESPÉRÉE

L'évaluation du risque est une pratique naturelle dans tous les domaines : risques industriels, risques alimentaires, risques sanitaires... Ils vont être générés par l'activité humaine, individuelle ou organisée et leurs conséquences sont toujours négatives sur le plan financier (coûts engagés pour diminuer leur probabilité d'occurrence ; pertes matérielles, humaines et financières quand ils se réalisent). S'engager dans une démarche entrepreneuriale suppose donc que les bénéfices réalisés couvriront les coûts financiers liés à ces risques, sans quoi l'entreprise disparaîtra. Les activités financières, la banque et les marchés financiers ainsi que les assurances sont les seuls à proposer une relation inverse. La prise de risque est dans ces entreprises par essence la condition d'une rentabilité élevée… mais également d'une réelle probabilité de pertes. Cette spécificité a souvent été invoquée pour expliquer et dénoncer le comportement des dirigeants des principales institutions financières.

SAVOIR ÉVALUER LE RISQUE : EST-CE ENVISAGEABLE ?

La recherche financière fournit des modèles, certes imparfaits, puisque fonctionnant sous une série d'hypothèses souvent éloignées de la réalité, mais pas fondamentalement plus mauvais que ceux qui alertent d'un tremblement de terre ou d'une catastrophe naturelle. Ces modèles proposent une évaluation des relations entre le risque d'un actif sur le marché, ou d'un portefeuille d'actifs, et la rentabilité que l'on peut en attendre sous un certain nombre de conditions. Ces modèles, fondés il y a plus de cinquante ans pour certains, continuent d'être utilisés (même s'ils ont été affinés depuis) sans provoquer en permanence des crises financières et en satisfaisant la plupart des investisseurs.

En matière d'octroi de crédit, les procédures de sélection sont en place dans tous les établissements de crédit. Les risques de défaillance des clients sont ainsi mieux anticipés que par le passé, ce qui n'a pas empêché certains établissements spécialisés dans le crédit hypothécaire aux États-Unis de totalement oublier de s'y conformer.

Les outils sont là mais, à trop vouloir les sophistiquer, on n'a parfois plus vraiment su les utiliser ou les appliquer. Dans d'autres circonstances, on les a parfois purement et simplement oubliés ou contournés. Dans le premier cas, on a peut-être cédé à l'illusion scientiste d'une possible maîtrise totale des risques ; dans le second, on a affaire à une négligence coupable quand il ne s'agit pas d'attitudes délibérément frauduleuses. Il est certain aussi que la rentabilité obtenue par le passé semblait ne jamais devoir cesser. Ce ne sont donc pas réellement les outils en eux-mêmes qui sont en cause, même s'il ne faut pas renoncer à les perfectionner. Ce sont davantage les comportements des dirigeants face aux risques qu'il faut incriminer, comportements que l'on a vus prospérer et qui ne se sont révélés désastreux qu'au moment de la concrétisation des véritables risques. La rentabilité obtenue dans le passé a longtemps masqué les expositions réelles.

Il semble donc urgent de rappeler que les modèles ne sont que des outils d'aide à la décision, forcément imparfaits, car ils ne sont pas totalement en mesure de prendre en compte toutes les variables déterminant le niveau de risque. Intégrer les comportements reste un exercice aléatoire malgré les progrès de la finance dite comportementale dans l'explication de certains phénomènes comme les paniques boursières ou les réactions émotionnelles. Les modèles n'intègrent pas l'incompétence, l'ignorance ou la transgression. Comment évaluer alors le risque ? On peut difficilement apporter une réponse précise à cette question. La question du « trop risqué » n'est donc pas quantifiable *a priori*. Elle est évaluée *a posteriori*, une fois que le risque s'est concrétisé et que les pertes financières apparaissent inacceptables à la société en général. Cette incapacité suppose donc de centrer l'attention sur les comportements car l'ignorance est mauvaise conseillère lorsque l'on exerce la fonction de dirigeant.

LA PRESSION SUR LA RENTABILITÉ

Dans les activités financières, la rentabilité suppose une facturation correcte du risque que l'on estime prévisible et un recours aux fonds propres pour un supplément de risque que l'on considère plus difficilement prévisible. Les fonds propres doivent être rémunérés, il s'agira donc d'un coût additionnel venant limiter la performance des opérations. Or la réglementation bancaire et en particulier les accords dit de Bâle 2[1] puis de Bâle 3 imposent le renforcement des fonds propres à partir du moment où un établissement opère sur des activités risquées (crédits, marchés, fonctionnement général de la banque), bref pratiquement toutes les activités. Les observateurs extérieurs ne se sont jamais vraiment souciés de savoir comment ces fonds propres allaient pouvoir se constituer au fur et à mesure, par exemple, de la distribution de crédits, forcément risqués. Or le principal moyen d'y parvenir est de faire des bénéfices[2]. Si on ajoute à cela les attentes des actionnaires en matière de dividendes, les besoins de financement pour les investissements et le paiement de bonus en relation avec les résultats, il faut convenir que les pressions sont multiples, s'additionnent au point de ne plus regarder que cet aspect. On oublie donc assez facilement le risque face à l'exigence de rentabilité pour les actionnaires, pour le régulateur, pour le développement de l'entreprise et bien sûr pour le dirigeant lui-même (sa rémunération et sa réputation), le tout dans un contexte concurrentiel extrêmement élevé.

La tentation était alors grande d'aller vers des activités où le régulateur n'avait finalement pas exigé de fonds propres supplé-

1. Le comité de Bâle réunit les gouverneurs des banques centrales de dix-neuf pays au niveau mondial. Il édicte des principes de surveillance et de contrôle des établissements financiers que tous les États décident ensuite, ou non, d'appliquer. Bâle-2 est la deuxième version de ce dispositif de surveillance imposant notamment un niveau minimal de fonds propres au regard du risque des opérations réalisées. Elle vient d'être renforcée encore dans le cadre de Bâle 3.

2. L'autre étant de procéder à une augmentation de capital en sollicitant les actionnaires actuels ou en faisant appel à de nouveaux. Cette solution n'est envisagée qu'en dernier ressort dans la plupart des entreprises.

mentaires et où les actionnaires n'avaient pas besoin d'être sollicités. Les activités de marché ont notamment des exigences bien moindres en fonds propres que l'octroi de crédit, voire, pour certains produits, pas d'exigence du tout comme si ceux-ci ne présentaient que des risques parfaitement prévisibles. L'existence de certains apporteurs de garanties (les assureurs-crédits par exemple) conduisait à s'exonérer, en toute légalité (ou plutôt en l'absence de loi), de fonds propres supplémentaires puisque le risque était parfaitement encadré, croyait-on. On avait simplement oublié la défaillance possible de la garantie elle-même, ce qui n'est pas imputable à un quelconque modèle mathématique.

On a là l'exemple d'un arbitrage où le choix des activités n'est pas seulement le résultat de réflexions stratégiques intégrant le risque mais aussi de considérations réglementaires. Si on ajoute à cela le rôle des actionnaires, dont quelques études montrent aujourd'hui qu'ils ont, pour certains, clairement encouragé des politiques de risque agressives[1], la place du dirigeant lui-même en tant qu'agent principal preneur de risque est à relativiser, sans qu'il faille pour autant l'évacuer.

La course à la rentabilité est donc le résultat d'un système complexe de pressions, exercées par des acteurs aux intérêts divergents. L'attention qu'elle demande peut détourner celui en charge des décisions opérationnelles d'une appréciation lucide du risque. À vouloir satisfaire tout le monde en même temps, à hauteur de leurs attentes, ils ont perdu de vue la relation systématique entre risque et rentabilité.

Pour finir sur ces difficultés de perception, il faut rajouter que cette dérive s'est opérée sur plusieurs années. Les cinq années de hausse des marchés boursiers entre 2002 et 2007 ont contribué à

1. Voir sur cet aspect le chapitre « Les dirigeants n'entendent-ils que l'actionnaire ? ».

renforcer l'idée d'une disparition des risques. Il faut espérer que la crise actuelle restera dans les mémoires comme la confirmation qu'une probabilité d'occurrence d'un risque finit toujours par se concrétiser. En effet, le risque en finance fait l'objet d'une estimation en termes de probabilités d'occurrence et de pertes attendues en cas d'occurrence. Les lois de probabilités ne sont pas toujours exactes mais il est certain que le risque finit toujours par se concrétiser. Une longue période de stabilité ou de croissance, en finance, aurait donc dû inciter à davantage de prudence pour la suite.

AURAIT-ON PU ÉVITER CETTE SITUATION ?

La rapide description du contexte dans le point précédent pourrait laisser penser que, malgré les pressions s'exerçant sur lui, le dirigeant a été le seul, *in fine*, à décider et à prendre des positions qui se sont avérées risquées. C'est oublier que le dispositif de pilotage des risques, dans un établissement financier, est là encore une obligation légale depuis plus de treize ans en France même il est assez récent au niveau international (il s'agit d'une des dimensions des accords de Bâle 2 entrés en vigueur en janvier 2007).

Ce dispositif prévoit l'intervention d'acteurs externes dans la surveillance des établissements, comme les auditeurs externes en charge de la certification de la comptabilité, les autorités de régulation s'attachant à vérifier la production des documents obligatoires et menant elles-mêmes des contrôles si besoin.

À l'intérieur de l'entreprise, on confie à l'audit interne le soin d'effectuer tous les contrôles que la direction juge nécessaires pour se conformer à la réglementation et aux procédures propres à l'établissement. Il intervient en appui des directions spécifiques consacrées à la surveillance de tous les risques et à la bonne mise en œuvre des opérations de contrôle. Le conseil d'administration et son comité d'audit constituent les instances finales de contrôle de l'existence et de l'efficacité de l'ensemble du dispositif interne de maîtrise des risques comme le suggère le schéma p. 77.

Ce dispositif a pour vocation de s'assurer que le fonctionnement de la banque est sécurisé, tant au niveau de l'élaboration de ses états financiers que dans ses dispositifs organisationnels et dans ses prises de décision. Il conduit à développer différents niveaux de contrôle, là où sont initiées les opérations, puis à des niveaux hiérarchiques supérieurs. Cela nécessite d'avoir une vision précise de l'ensemble des processus et des procédures de la banque, de cartographier les risques au sein de ces processus et de positionner le plus efficacement possible les points de contrôle. Un rapport est rédigé tous les ans et soumis au conseil d'administration via son comité d'audit.

Le schéma précédent souligne le besoin de coopération et de coordination en interne, en externe et entre l'interne et l'externe. Ce besoin peut être satisfait *a minima* par une meilleure information. Mais la complexité de l'évaluation des risques rend nécessaires des regards croisés sur ces questions. Le système a souvent failli en raison de l'absence de toute coopération.

Il est aussi un domaine où le contrôle interne ne peut être mis en œuvre : les processus de décisions et le mode de management initiés par la direction générale. Ces processus de décisions ne concernent pas seulement les modalités de la relation dirigeants-administrateurs-actionnaires. Ils concernent aussi les relations entre les dirigeants et leur ligne hiérarchique. On constate une grande difficulté à diffuser au sein des grands établissements une culture, une vision partagée *a minima* sur la question du risque. Des ruptures dans cette ligne hiérarchique, l'incapacité à prendre des décisions concertées et coordonnées conduisent aussi à des difficultés. Mais ceci n'est pas propre aux banques.

Relation de surveillance ou de coopération entre les acteurs

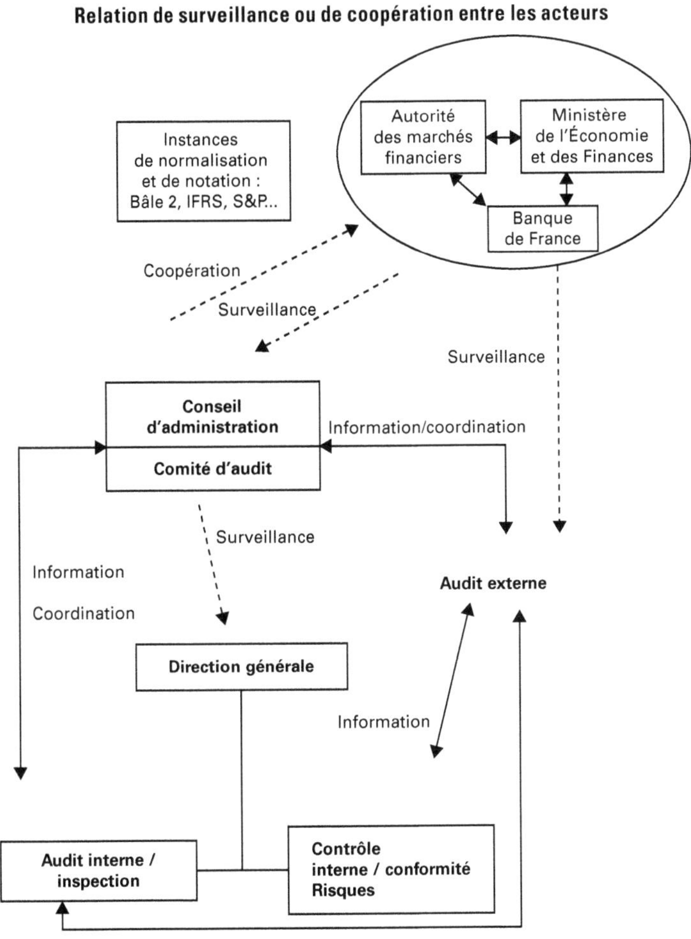

Source : Éric et Francis Lamarque, 2007.

QUE PEUT-ON FAIRE ?

Pour tenter d'éviter de nouvelles catastrophes et un recours à l'État tendant à conférer aux banques le statut d'entreprises protégées de la faillite et donc privilégiées, la tentation naturelle est celle de la régulation et de la taxation. Nous avons commencé notre propos en soulignant ce phénomène. Mais c'est l'ensemble de la régulation qui est aujourd'hui en cours de modifications, modifications largement orientées vers l'encadrement du risque. La question reste néanmoins posée du bon équilibre entre niveau de régulation et efficacité économique. À vouloir légitimement encadrer toute forme de prise de risque, le danger de voir une réduction du champ d'intervention des établissements est réel. Pour satisfaire l'opinion, il est sans doute difficile d'y échapper mais il faut être prêt à en assumer les conséquences en termes de hausse du coût des crédits, de raréfaction des financements en fonds propres et donc de ralentissement de la croissance. Les accords de Bâle 3 mettent l'accent sur des exigences de solvabilité et de liquidité renforcées, d'un endettement plus faible, tout cela conduisant à rechercher des ressources financières à plus long terme, ce qui est toujours compliqué et peut s'avérer coûteux. Le remède proposé risque donc d'être pire que le mal pour la croissance économique.

Une voie alternative (ou éventuellement complémentaire) pour mieux encadrer le risque peut être envisagée : mettre véritablement en œuvre une démarche de *risk management* dans les entreprises et en particulier dans leurs instances de gouvernance. Cette idée a été introduite en 2004 par le COSO[1]. En particulier la notion de *risk appetite* (« appétence pour le risque ») est présentée comme un choix fondamental des instances dirigeantes et de gouvernance. Elle est définie comme la prise de risque acceptée par l'entreprise dans le but d'accroître sa valeur. Ce *risk appetite* permet ensuite de déterminer le niveau de la tolérance aux risques à différents niveaux de l'organisation. Cette notion est

1. Le Committee of Sponsoring Organizations est un organisme international qui promeut des normes communes de contrôle interne.

nécessaire et précède la définition de la stratégie de l'entreprise (COSO 2).

En d'autres termes, le contrôle interne doit être élaboré dans le cadre d'une politique de risque validée par les instances de gouvernance de la banque. En effet, la direction générale seule ne peut pas prendre l'initiative d'une telle politique. Elle ne peut le faire que dans le cadre du mandat qui lui est donné par le conseil d'administration. Il doit donc, à son niveau, contribuer à la définition de cette politique des risques.

Cette mesure, séduisante, suppose une capacité des conseils à prendre une position sur ce niveau de risque acceptable et à évaluer la pertinence du système de contrôle interne mis en place. Or, quand on regarde leur composition, le nombre d'experts financiers y siégeant est très faible[1]. Il ne faut pas, certes, que l'intégralité du conseil soit composée de ces experts, mais il est évident qu'*a minima*, ils devraient être majoritaires dans les comités d'audit. Le rapport Walker de novembre 2009 sur l'évolution de la gouvernance des banques outre-Atlantique appelle à la création d'un comité des risques différent du comité d'audit. Ce comité serait en charge de la stratégie en matière de risque et de la fixation du *risk appetite* évoqué précédemment. Le responsable de la gestion des risques pourrait être convié à participer à ce comité.

Les spécificités des risques bancaires sont reconnues et appellent donc une implication supérieure de l'administrateur dans la compréhension des documents qui lui sont fournis.

Le premier sujet à avoir fait l'objet de mesures rapides a été celui des rémunérations. La thèse aujourd'hui largement répandue consiste à dire que le mode de rémunération – bonus des opé-

1. Voir les chapitres « Les dirigeants sont-ils vraiment conseillés » et « Les dirigeants sont-ils réellement contrôlés ? ».

rateurs de marché et part variable des dirigeants – a conduit les premiers à prendre des risques très élevés et les seconds à les laisser faire. Ils auraient, de manière concomitante, abouti à des comportements court-termistes de ces acteurs. Les études réalisées sur le lien performance-rémunération montrent que les managers anticipent clairement des gains supplémentaires associés à cette prise de risque. Si le niveau de risque est difficile à encadrer et à évaluer, alors agir sur les modes de rémunération est assez logique. Dès novembre 2009, les modes d'attribution des bonus ont été aménagés avec la mise en place des principes de versement différé, avec une partie en actions, ainsi que la possibilité de ne pas verser les montants différés en cas de pertes de l'activité considérée. Il est encore trop tôt pour évaluer les effets de ces mesures. Cependant les bonus cachent une situation généralisée qui est celle de la rémunération variable. La plupart des acteurs de la banque y ont droit, du dirigeant au chargé de clientèle en agence. Cette partie variable, dont les effets incitatifs sont incontestables pour mobiliser les énergies, peut s'avérer aussi à l'origine d'une prise de risque excessive depuis l'octroi de crédit (pour le chargé de clientèle) jusqu'aux décisions stratégiques (internationalisation, acquisitions, diversification dans de nouveaux métiers). Pour limiter les risques et les dérives, une très bonne maîtrise de la ligne managériale est absolument nécessaire. Une ligne hiérarchique dépassée ou laissant faire est tout aussi dangereuse qu'une politique de bonus surdimensionnée. Trois axes de progrès méritent d'être envisagés à ce niveau :

- tout d'abord une amélioration de l'expertise en matière de risque (de toute nature) de toute la ligne managériale est à entreprendre. Pour avoir échangé à plusieurs reprises avec les intéressés dans plusieurs établissements, leur connaissance est imparfaite malgré l'arsenal de kits de formation clé en main expédiés par mail ;

- l'obtention de cette part variable ne doit pas reposer uniquement sur la performance commerciale. La diversification des indicateurs de performance est nécessaire et doit intégrer clairement la conformité, le niveau de risque ou la satisfaction client. Là encore de nombreux interlocuteurs nous ont indiqué avoir engagé cette action de diversification, mais en aparté on nous confirme que « si le commercial va – tout va ! » ;
- le comité des rémunérations du conseil ne doit pas s'intéresser qu'aux rémunérations des mandataires sociaux. Il doit prendre position sur la politique générale de rémunération : des bonus jusqu'aux parts variables traditionnelles.

L'objectif de ces quelques orientations est bien de rétablir la confiance envers les acteurs de la finance qui restent incontournables pour le développement de l'économie. La crise bancaire a montré un besoin d'immuniser les dépôts des clients contre les prises de risque excessives dans d'autres métiers de la finance. Les taxes sur la banque pour constituer un fonds de sécurité, la mise en place d'un « coussin » de fonds propres pour amortir les chocs vont dans ce sens. Mais la dernière mesure qu'il convient de commenter est celle du comité de Bâle prônant une faillite « ordonnée ». Parmi les modalités avancées, il est envisagé de donner aux autorités nationales les pouvoirs et les instruments pour régler une « faillite ordonnée » (création de véhicule, transfert d'actifs ou passifs à d'autres groupes, etc.) ; cette solution aurait pour avantage de remettre en cause le *too big to fail* qui a été assez dévastateur en termes d'image. Dans cette perspective un dirigeant ayant conduit à une telle situation serait sanctionné rapidement par la perte de son emploi sans attendre des décisions de conseil d'administration que beaucoup ont jugé tardives[1].

1. En particulier en France, voir le tableau relatif au nombre de dirigeants remerciés pendant la crise présenté dans le chapitre suivant (« Les dirigeants sont-ils réellement contrôlés ? »).

Ces quelques mesures, pour certaines déjà engagées, adoptées de façon volontaire, sont de nature à atténuer la tentation ultra-régulationniste du moment. Beaucoup indiquent que cette dernière ferait planer un grand danger sur l'efficacité de notre système bancaire et financier d'autant plus que les autres grands pays ne nous suivraient pas dans cette démarche. Il faut d'abord rappeler que les réglementations, dans les pays occidentaux, ont toujours été des réactions aux crises. Elles ne les ont jamais anticipées. Ces crises étant largement dues à des comportements volontaires ou moutonniers, les acteurs n'ont qu'à s'en prendre à eux-mêmes et surveiller les quelques cas qui polluent l'image du secteur car, sinon, la prochaine étape sera peut-être celle de l'encadrement de la rentabilité, façon plus radicale encore de contrôler le risque !

TROISIÈME PARTIE

La supervision de la prise de décision

CHAPITRE 7

Les dirigeants sont-ils réellement contrôlés ?

Jérôme Caby

À la suite de la crise financière, les dirigeants des grandes entreprises, surtout s'il s'agit de banques, semblent être devenus les nouveaux Satan de la planète. La lecture de la presse conduit à en dresser un portrait bien sombre : ils sont tour à tour dépeints comme avides, opportunistes, inconséquents voire incompétents, plus préoccupés de leur profit personnel à court terme que de l'intérêt des entreprises dont ils conduisent les affaires, sans parler de l'intérêt général. Survient également un sentiment, même si c'est parfois en creux, d'absence totale de contrôle, les dirigeants apparaissant comme omnipotents, membres d'une oligarchie consanguine où adoubement vaut liberté d'action et de prévarication.

Et pourtant ! Tant en théorie qu'en pratique, le contrôle des dirigeants est au centre des préoccupations depuis plus de vingt ans et a donné lieu à d'innombrables développements, recommandations…, qui constituent le corpus de la gouvernance d'entreprise. Celle-ci, dans une version stricte parfois qualifiée de disciplinaire[1], peut d'ailleurs être définie comme « l'ensemble des mécanismes destinés à contrôler les dirigeants ».

1. *Cf.* chapitre « Les dirigeants sont-ils réellement conseillés ? ».

En théorie, les dirigeants, représentants des actionnaires, ont pour mission de gérer l'entreprise dans l'intérêt de ces derniers, c'est-à-dire de maximiser la création de valeur pour ces derniers. Il est alors nécessaire de concevoir des outils de contrôle des dirigeants pour s'assurer que ceux-ci, qui ont naturellement des intérêts divergents, poursuivent bien l'objectif qui leur a été assigné.

En se fondant sur ces prescriptions théoriques, un corpus de « bonnes pratiques » a émergé au cours du temps. Le rapport Cadbury (1992) en est la première expression d'envergure et a été bientôt suivi de nombreux guides de « bonnes pratiques » autour du monde. Dans le cas français, on retient principalement les rapports Viénot-1 et 2 (1995, 1999) et Bouton (2002) à l'initiative de l'AFEP et du MEDEF. Ces différents guides constituent le socle de la *soft law* et ont pour objet de proposer des mesures concrètes de « bonne » gouvernance que les entreprises cotées s'engagent alors à mettre en œuvre dans le cadre d'une autorégulation[1].

Le conseil d'administration est l'organe principal de la gouvernance, il en est même l'organe légal, et l'essentiel des codes de « bonnes pratiques » porte sur lui. L'objectif est de créer le cadre le plus efficace pour contrôler le dirigeant en termes de composition, de structuration et d'activités. La première fonction de la gouvernance, comme nous l'avons déjà souligné dans cet ouvrage, est alors de fournir une assurance pour les actionnaires et les autres parties prenantes de l'entreprise contre des pratiques destructrices de valeur des dirigeants et des arbitrages rentabilité-risque déséquilibrés.

Compte tenu des nombreuses défaillances de banques et plus généralement de la crise financière mais aussi économique, l'ef-

1. Et lorsqu'elles s'écartent des prescriptions, elles doivent s'en expliquer dans le cadre d'une doctrine *Comply or Explain*, doctrine davantage explicitée dans le chapitre suivant : « Les dirigeants font-ils l'objet de sanctions adaptées ? »

ficacité de la fonction d'assurance de la gouvernance contre des pratiques destructrices de valeur des dirigeants et des arbitrages rentabilité-risque déséquilibrés a été fondamentalement remise en question.

L'argumentation principale des détracteurs de la gouvernance repose sur un raisonnement logique et *a priori* imparable : le contrôle des risques étant de la responsabilité du conseil d'administration et ceux-ci n'ayant pas été à l'évidence correctement contrôlés par les banques, alors c'est bien la gouvernance des banques qui a fait défaut. Cette argumentation est soutenue par de nombreux exemples ressortissant à l'analyse de cas individuels, en particulier d'établissements financiers américains comme Lehman Brothers ou Bear Stearns. Plusieurs facteurs explicatifs sont avancés à l'appui de cette thèse :

- l'existence de rémunérations des dirigeants (et non-dirigeants) excessives et mal spécifiées (voir plus loin « Les dirigeants sont-ils trop payés ? ») ;
- un manque de qualification des administrateurs indépendants dans le domaine bancaire se traduisant par une incapacité à apprécier le risque sous-jacent des montages financiers complexes (*cf.* discussion sur l'indépendance et la compétence des administrateurs dans le chapitre « Les dirigeants sont-ils réellement conseillés ? ») ;
- des administrateurs indépendants trop liés aux dirigeants et trop âgés (chez Lehman Brothers quatre administrateurs sur dix avaient plus de 75 ans) ;
- une transmission insuffisante d'information aux comités d'audit et/ou aux comités de risque au sein des conseils d'administration ;
- des comités de risque insuffisamment indépendants ;
- la mise en place d'une comptabilité en juste valeur favorisant les pratiques à risques et accroissant les conséquences de la crise ;
- etc.

On peut également ajouter que les résultats de la littérature empirique en la matière ne sont pas toujours très convaincants. Pris isolément, les différents instruments de la gouvernance n'ont pas vraiment d'effet significatif sur la performance des entreprises.

Pour autant, selon le *Steering Group* de l'OCDE sur la gouvernance d'entreprise (février 2010), il n'est pas réellement nécessaire de revenir sur les principes de gouvernance qui ont été établis au cours de la dernière décennie :

« Nevertheless, the Group found that the OECD Principles of Corporate Governance provided a good basis to adequately address the key concerns that have been raised and that there was no urgent need for them to be revised. Rather, a more urgent challenge for the Steering Group was to encourage and support the implementation of already agreed international and national standards, including the OECD Principles of Corporate Governance[1]. »

Autrement dit, ce ne sont pas les normes qui sont mauvaises, mais leur application…

Devant ces appréciations divergentes, il convient d'examiner les principaux mécanismes d'exercice de la fonction de contrôle des dirigeants par le conseil d'administration pour voir en quoi ils ont pu pécher, et dans le cas d'une réponse positive, d'envisager les remèdes qui pourraient être recommandés en termes :

- d'indépendance ;
- de réforme des comités d'audit ;
- d'exercice de la fonction de sanction du dirigeant.

1. Quoi qu'il en soit, le Steering Group a trouvé que les principes de gouvernance d'entreprise de l'OCDE posaient de bonnes bases pour résoudre les principaux problèmes soulevés et qu'il n'était pas urgent de les modifier. Un objectif plus urgent pour le Steering Group est, par contre, d'encourager et soutenir la mise en œuvre des standards déjà définis, y compris les principes de gouvernance d'entreprise de l'OCDE.

L'INDÉPENDANCE EN QUESTION

Cette question, déjà évoquée précédemment sous l'angle du débat indépendance/compétence des administrateurs, mérite qu'on l'approfondisse. En effet, si nous avons déjà souligné que l'exigence de compétence devait être remise au premier plan, il reste aussi une certaine confusion sur ce qu'on entend exactement par « indépendance ».

Selon le rapport Viénot-2 (1999), complété par le rapport Bouton (2002), un administrateur est indépendant lorsqu'il « n'entretient aucune relation de quelque nature que ce soit avec la société, son groupe, ou sa direction, qui puisse compromettre l'exercice de sa liberté de jugement ». Le caractère très lâche de cette définition offre une latitude assez large quant à son application, mais rend compte de l'esprit qui y préside. Un administrateur indépendant n'exerce non seulement aucune fonction opérationnelle dans l'entreprise concernée, mais n'a aussi aucun lien ou conflit d'intérêts avec cette dernière. Aussi est-il censé, librement et dans l'intérêt social de l'entreprise exercer son mandat d'administrateur. Cette notion d'indépendance est supérieure à celle d'externe qui existait auparavant (c'est-à-dire n'exerçant pas de fonction opérationnelle dans l'entreprise), qui ne garantissait pas un comportement indépendant vis-à-vis du dirigeant, mais aussi des principaux partenaires de l'entreprise (actionnaires de contrôle, banquiers...).

Comme nous l'avons vu à différentes reprises, le fondement du concept d'administrateur indépendant réside dans la nécessité d'assurer un contrôle étroit du dirigeant, en particulier dans les entreprises à capital dispersé, dites managériales, en raison de la latitude importante dont bénéficie celui-ci. Dans ce contexte, un conseil d'administration majoritairement indépendant constitue un garde-fou contre les erreurs commises par les dirigeants, voire contre le risque d'opportunisme de leur part.

À la suite de l'affaire Enron, le concept d'administrateur indépendant a fait l'objet d'une attention particulière de telle sorte qu'aux États-Unis, la loi Sarbanes-Oxley en 2002 a non seulement défini ce statut, mais aussi fixé une proportion minimale de 50 %, le rapport Bouton en France se contentant de recommander cette même proportion.

L'observation de la composition des conseils d'administration des grandes entreprises montre que la part des administrateurs indépendants n'a cessé de s'accroître et atteint même parfois des niveaux bien supérieurs à 50 %. Pour autant, derrière ce constat rassurant, la pratique n'est pas exempte de critiques :

- on ne peut manquer parfois d'être surpris par la qualification d'indépendant accordé à tel ou tel administrateur qui se trouve également être un des principaux banquiers de la place ou un collègue de promotion de l'école d'origine du dirigeant… Le caractère insuffisamment codifié de la qualification d'administrateur indépendant permet d'interpréter assez librement la notion ;
- dans les faits, les administrateurs indépendants sont souvent choisis par le dirigeant sur des critères *intuitu personae* qui font que l'administrateur dit indépendant tire principalement sa légitimité de sa proximité avec le dirigeant, ce qui le rend peu susceptible de jouer le rôle attendu de contrôleur ;
- de nombreux administrateurs indépendants sont eux-mêmes les dirigeants exécutifs de grandes sociétés importantes ne disposant que de peu de temps pour exercer leurs fonctions, ce qui fait obstacle à leur nécessaire professionnalisation (*cf.* l'action de l'Institut français des administrateurs (IFA) évoquée dans le chapitre « Les dirigeants sont-ils réellement conseillés ? ») ;
- enfin, la diversité des conseils d'administration est sujette à caution. Cette diversité est nécessaire pour s'assurer que des points de vue différents puissent s'exprimer à l'occasion des réunions de conseil. Elle demeure aujourd'hui très faible quel

que soit le critère de diversité retenu (femmes, études supérieures, nationalités...).

À ces critiques générales s'ajoute dans bien des cas l'insuffisance d'une expertise sectorielle adéquate et de compétences des administrateurs indépendants pour leur permettre d'apprécier avec pertinence les enjeux de l'entreprise.

En définitive, les administrateurs indépendants ne sont pas toujours très indépendants, ont des profils très similaires, disposent de peu de temps à consacrer à des tâches de plus en plus lourdes associées à une responsabilité, notamment juridique, de plus en plus importante et, enfin, ils ne disposent pas nécessairement de la compétence requise. Ce constat, qui prolonge et complète celui sur l'effectivité et l'efficacité du conseil fourni aux dirigeants, plaide en faveur d'une intervention législative pour définir plus précisément la notion d'administrateur indépendant dans l'esprit de la définition proposée par l'Institut français des administrateurs (IFA) et *in fine* parvenir à une véritable professionnalisation du métier d'administrateur indépendant. En outre, compte tenu du temps nécessité par la fonction d'administrateur, le cumul des mandats doit être strictement limité. Cela nécessite également de revoir (à la hausse) leur rémunération, mais là, il est en revanche peu souhaitable de voir le législateur s'emparer de la question.

LES COMITÉS D'AUDIT EN QUESTION

Pour permettre un fonctionnement efficace des conseils d'administration, ceux-ci se sont structurés en comités spécialisés. Il s'agit de réunions d'administrateurs en comités restreints avec des domaines de compétences spécifiques. Deux comités se sont généralisés, les comités d'audit et de rémunération, ce dernier faisant également souvent office de comité de nomination.

La directive européenne du 17 mai 2006 a créé un comité spécialisé chargé de suivre l'élaboration et le contrôle des informations comptables et financières pour toutes les entités d'intérêt public. Elle a été transposée en droit français par l'ordonnance du 8 décembre 2008. Les comités d'audit existent aux États-Unis depuis 1940, date à laquelle la SEC en a recommandé la création dans les entreprises cotées. Depuis le vote de la loi Sarbanes-Oxley, ils sont obligatoires dans ces entreprises et leurs compétences ont été élargies, en particulier à la responsabilité directe du choix, de la désignation, de la rémunération et de la supervision des auditeurs. Liée à ce renforcement du rôle et de la responsabilité du comité d'audit, l'exigence d'indépendance de la totalité des membres du comité est imposée par la loi.

La mise en place de ces comités revêt-elle toutefois la même signification en France qu'aux États-Unis ? On peut en douter au vu des différences affectant les deux systèmes de droit des sociétés. En effet, la loi prévoit en France une hiérarchie sociale, considérée par la jurisprudence comme intangible. Le conseil d'administration est institué à titre collégial, il a donc des droits et des responsabilités collégiales. Ceci implique que les administrateurs, que ce soit à titre individuel ou en petits groupes, ne disposent pas des pouvoirs du conseil d'administration. En conséquence, les comités ne peuvent avoir qu'un pouvoir purement consultatif. On est très loin de la conception américaine du fonctionnement des comités, selon laquelle ces derniers engagent leur responsabilité vis-à-vis des actionnaires.

Par ailleurs, l'observation de la composition des comités d'audit et de rémunération des sociétés du CAC-40 montre même que, si les comités d'audit sont souvent composés majoritairement d'administrateurs indépendants, ils peuvent parfois être minoritaires.

On peut ainsi se demander si la composition des comités d'audit et de rémunération ne devrait pas être codifiée par la loi dans le sens d'une indépendance totale, de sorte qu'ils soient composés uniquement d'administrateurs indépendants, choisis en fonction de leurs champs de compétence. C'est d'ailleurs aujourd'hui le cas de dix comités d'audit et de dix comités de rémunération du CAC-40. L'ordonnance du 8 décembre 2008 qui a rendu les comités d'audit obligatoires pour les sociétés cotées s'est contentée de préconiser qu'« un membre au moins du comité doive présenter des compétences particulières en matière financière ou comptable et être indépendant au regard de critères précisés et rendus publics par l'organe chargé de l'administration ou de la surveillance ».

Par ailleurs, la désignation des commissaires aux comptes par le comité d'audit semble également souhaitable pour parvenir à une réelle maîtrise des risques par les administrateurs. De nouveau, l'ordonnance du 8 décembre 2008 semble en retrait et émet uniquement « une recommandation sur les commissaires aux comptes proposés à la désignation par l'assemblée générale ou l'organe exerçant une fonction analogue ».

Les récentes mésaventures bancaires ont également contribué à révéler les insuffisances des comités d'audit. Le silence des organes délibérants durant la période de montée des risques s'est avéré possible grâce à la confiance accordée par les administrateurs et les comités d'audit aux modèles d'évaluation et de prévision développés par des experts de la finance ainsi que dans les systèmes de contrôle interne développés depuis une dizaine d'années. Mais cette confiance dissimulait souvent en fait une incompétence dans la compréhension des ressorts du métier de banquier et des facteurs de risque.

LES MODALITÉS DE LA SANCTION EN QUESTION

Un des rôles du conseil d'administration et, plus largement, de la gouvernance est d'assurer une fonction de sanction lorsque le dirigeant n'a pas conduit correctement les affaires de l'entreprise (il s'agit là d'une sanction professionnelle, et non juridique qui sera évoquée dans le chapitre suivant). C'est même son rôle ultime, une arme en dernier ressort car, dès lors que le contrôle usuel a échoué, il convient de se séparer du dirigeant lorsqu'il a failli dans l'exercice de sa mission. Différentes études conduites sur la période de la crise financière démontrent que cette capacité de sanction a effectivement été exercée par les conseils d'administration des banques en présence de niveaux de risque trop élevés, de pertes, de diminution des dividendes et de niveaux importants de dette subordonnée, même si ces départs forcés ne se traduisent pas nécessairement par une amélioration de la performance. Des chercheurs ont même constaté sur trente pays que les conseils d'administration ont joué leur rôle de contrôle en remplaçant les dirigeants peu performants même si la situation est variable selon les pays (tableau p. 94) (Erkens, Hung et Matos, 2009). La France constitue une exception notable puisqu'elle n'a procédé à aucun licenciement de dirigeant[1] sans que sa situation en termes d'indépendance du conseil d'administration et de dégradation des rendements boursiers ait été différente des autres.

Ces résultats semblent donc montrer que, quelles qu'aient pu être les faiblesses de la gouvernance, les conseils d'administration ont su faire usage de leur capacité à licencier les dirigeants (c'était sans doute le moins qu'ils pouvaient faire).

1. En France nous n'avons pas assisté à des licenciements proprement dits mais à des départs «en douceur» dans le courant de l'année 2009, bien après le terme de l'étude présentée ici.

Concilier indépendance, compétence et relations de confiance entre administrateurs et dirigeants

Les différentes problématiques évoquées jusqu'ici conduisent surtout à renforcer la dimension du contrôle. Cette démarche n'est pas sans danger.

Enfin, il faut rappeler ici les dangers du « paradoxe de l'indépendance », mentionné plus haut : comment concilier indépendance des administrateurs et relations de confiance nécessaires entre le dirigeant et les administrateurs, si l'on veut que le premier communique toutes les informations nécessaires aux seconds pour qu'ils s'acquittent intelligemment de leur fonction de contrôle *et* de conseil ? Un conseil « amical » favorise la confiance mutuelle. Elle peut être renforcée par la proximité sociale en termes de carrière et de formation et un alignement des schémas mentaux respectifs des administrateurs et des dirigeants. Le conseil d'administration sera mieux informé, jouira d'une plus grande transparence, ce qui permettra une meilleure implication dans la définition de la stratégie et une meilleure analyse des opportunités de création de valeur.

Les licenciements de dirigeants de banque par pays (janvier 2007-septembre 2008)

Pays/région	Nombre d'établissements financiers	% départ des dirigeants	Rentabilité boursière moyenne	Pourcentage d'administrateurs indépendants (décembre 2006)
États-Unis	125	23 %	– 32 %	85 %
Allemagne	19	22 %	– 28 %	71 %
Italie	19	22 %	– 31 %	82 %
Royaume-Uni	17	24 %	– 36 %	63 %
Suisse	15	33 %	– 16 %	92 %
France	9	0 %	– 33 %	85 %
Espagne	9	11 %	– 32 %	75 %
Europe	131	20 %	– 33 %	77 %

Source : Erkens, Hung et Matos, 2009.

Conseil et contrôle : une équation compliquée à résoudre

La gouvernance demeure donc intrinsèquement une affaire d'équilibre entre conseil et contrôle. Trouver cet équilibre consiste à préciser la légitimité des administrateurs indépendants au travers d'une définition plus stricte de leur statut, à renforcer leur rôle dans les comités d'audit et de rémunération, tout en constatant que des administrateurs non indépendants sont également nécessaires et que la gouvernance n'est pas qu'affaire de contrôle car la question centrale ne doit pas être seulement, en dernière analyse: les dirigeants sont-ils contrôlés?, mais aussi: sont-ils vraiment conseillés?

CHAPITRE 8

Les dirigeants font-ils l'objet de sanctions adaptées ?

Alain Couret et Lucien Rapp

Le sentiment se répand dans l'opinion de l'impunité de dirigeants « voyous », dont les salariés paieraient les conséquences des impérities. Il faut y prendre garde car il est pernicieux : il pourrait ne provoquer rien de moins que la mise en cause sans doute violente du modèle de développement sur lequel reposent nos économies. Construire ou reconstruire la gouvernance des sociétés commerciales implique donc que l'on s'interroge sur les sanctions encourues par leurs dirigeants. Quelles sont-elles ? Sont-elles adaptées ? Et quand elles ne le seraient pas, leur réforme passe-t-elle par un renforcement de la répression pénale ? Faut-il élargir le préjudice réparable ? Doit-on généraliser les techniques d'origine anglo-saxonne telles que le « *comply and explain* » ? Qu'attendre de l'introduction des actions collectives (*class actions*) dans notre système judiciaire ?

LIER SANCTIONS ET RESPONSABILITÉS

Peut-on sérieusement prétendre construire ou reconstruire la gouvernance des entreprises par un régime de sanctions de leurs dirigeants, plus efficace et mieux adapté que celui en vigueur dans de nombreux États ?

On en doute immédiatement. Et pourtant…

La sanction n'est-elle pas la contrepartie des responsabilités assumées, qui ne sont elles-mêmes que la justification ultime des rémunérations versées ? Il s'y ajoute le fait que, dans un contexte d'internationalisation accrue du capital des entreprises, il n'est peut-être pas indifférent de ramener les dirigeants indélicats à la raison, en leur rappelant les sanctions qu'ils peuvent encourir : d'Easyjet à Continental, en passant par Freescale ou Arcelor Mittal, la sanction ou seulement sa menace ont souvent fait triompher le droit et, dans une certaine mesure, la morale elle-même sur le comportement de dirigeants peu scrupuleux ou venus de cultures différentes, plus soucieux de la rentabilité de leurs investissements que du respect des personnes.

Le célèbre aphorisme de Saint-Exupéry : « Être libre, c'est être responsable », peut encore constituer le bréviaire de toute (bonne) gouvernance et de tout (bon) gouvernant, dans la mesure où la responsabilité implique logiquement l'obligation de rendre des comptes et, partant, celle d'en assumer les conséquences. Toutes les conséquences, y compris la sanction ! C'est aussi cela la grandeur et la servitude de la condition du dirigeant d'entreprise, que l'on aura trop souvent résumée au cours des dernières années à la prise de risque ou à la faculté d'anticipation de l'évolution du marché.

Mais il faut aller plus loin.

L'entreprise comme la démocratie seraient-elles devenues vulnérables et peut-être mortelles, comme Paul Valéry le pressentait des civilisations, il y a tout juste un demi-siècle ? L'une et l'autre sont aujourd'hui frappées du même mal qui conduit à la mise en cause de la légitimité de leurs dirigeants : une certaine défiance du corps social, le doute sur la qualité du management qui peut aller jusqu'à la perte d'autorité des dirigeants eux-mêmes.

Selon un sondage réalisé en début d'année 2010 par TNS Sofres, moins de la moitié (42,7 %) des salariés des entreprises auraient confiance en leurs dirigeants, cependant qu'à peine plus de 40 %

(40,8 %) d'entre eux considèrent que les intérêts de ces derniers et les leurs vont dans le même sens.

Ce sentiment n'est pas nouveau. Et il n'est pas exclu qu'il ait été accentué par la crise économique provoquée par l'épisode des *subprimes* américaines. Les salariés ressentent aujourd'hui davantage qu'hier la fragilité de leur situation individuelle dans un monde devenu de plus en plus concurrentiel et dont les nouveaux maîtres viennent de pays émergents.

Ce n'est pas tant que leurs tâches quotidiennes soient devenues plus lourdes en raison de la nécessité d'une plus grande polyvalence, que leurs conditions de travail se soient détériorées du fait de la réduction des effectifs ou que leur emploi soit devenu plus précaire dans une économie devenue plus internationale et, par conséquent, plus exposée à la concurrence extérieure. Ils semblent s'en accommoder ; du moins, tant que subsiste la conviction de l'existence d'un pacte social fondé sur la possibilité de promotions individuelles et le sentiment d'un traitement égalitaire des différentes catégories socioprofessionnelles. Ce sera sans doute différent lorsque cette conviction aura cédé.

C'est surtout qu'ils éprouvent – à tort ou à raison – le sentiment d'une solidarité moins affirmée de la part de leurs dirigeants, assurés d'une certaine impunité, confortablement rémunérés mais de moins en moins accessibles, dont ils dépendent de plus en plus sans pouvoir infléchir leurs décisions ou seulement y être associés. Cela, ils l'acceptent de moins en moins.

Ce sentiment est d'autant plus fort qu'en cas d'échec des stratégies, les salariés en subissent immédiatement les conséquences, notamment par la perte, souvent définitive pour beaucoup d'entre eux, de leur emploi, sans que les dirigeants soient toujours sanctionnés pour leurs erreurs de gestion lorsqu'ils en commettent.

Mais dans l'entreprise comme dans les démocraties, il ne suffira pas de trouver les moyens de répondre à la demande croissante d'équité, de favoriser l'attente de proximité, de permettre une véritable participation des salariés. Il faudra aussi accepter un renforcement de la responsabilité des dirigeants et, par conséquent, un régime de sanction adapté, sans lesquels il sera sans doute difficile de rétablir la confiance. Quel peut-il être ? Peut-il seulement reposer sur la répression de comportements indélicats ? Ne faut-il pas être plus imaginatif? Quelles tendances se dégagent des textes et de la jurisprudence les plus récents ?

DÉNONCER LES SANCTIONS INEFFICACES

C'est peu dire que le régime en place est inefficace. Il a créé les conditions de l'impunité.

Par le jeu du cumul des mandats, moins d'une centaine de personnes – quatre-vingt-dix-huit très exactement – détiennent actuellement près de la moitié (43 %) des droits de vote des sociétés du CAC-40, selon une étude du cabinet Ernst and Young. La même étude relève que les conseils d'administration ne comptent que 21 % d'administrateurs étrangers quand ces derniers contrôlent 40 % du capital des mêmes entreprises. Le 15 décembre 2009, on dénombrait, au sein du CAC-40, près de cinq cents administrateurs et quatre-vingt-quinze dirigeants, pour la plupart issus des grands corps de l'État français, 60 % des entreprises concernées avaient un conseil aux mains des dirigeants, cumulant des fonctions de président du conseil d'administration et de directeur général, tandis que 40 % étaient aux mains des actionnaires.

En droit français, l'administrateur assume une responsabilité objective, à la fois civile et pénale. Mais dans un tel contexte, que valent ces responsabilités et les sanctions qui s'y attachent ?

Civilement, un administrateur est responsable :

- des infractions aux dispositions législatives et réglementaires applicables aux sociétés anonymes ;

- des violations des statuts ;
- des fautes de gestion, qu'il faut entendre comme tout acte contraire aux intérêts de la société.

Cette responsabilité civile n'est toutefois engagée que si la faute commise cause un préjudice à la victime ; elle est elle-même plus ou moins facile à mettre en œuvre selon que le plaignant est un actionnaire ou un tiers, puisque, dans ce dernier cas, la responsabilité d'un administrateur n'est exposée qu'en cas de faute séparable de sa fonction et qui peut lui être imputée personnellement. Et encore les juges du fond ne distinguent-ils pas toujours les deux situations. Ils requièrent bien souvent, quelle que soit la qualité du demandeur, l'existence d'une faute séparable de la fonction exercée.

La responsabilité de l'administrateur peut être individuelle ou solidaire. Elle est solidaire, sauf à ce qu'un administrateur puisse établir qu'il s'est démarqué de la décision fautive, en émettant une protestation inscrite au procès-verbal.

La responsabilité pénale des administrateurs est exposée en cas d'abus de biens sociaux, d'abus de pouvoir ou de voix, de distribution de dividendes fictifs, de présentation de comptes sociaux infidèles. Elle est toutefois étendue à toute personne qui, directement ou par personne interposée, aura exercé la direction ou la gestion d'une société, y compris les dirigeants de fait.

Voilà l'état du droit. Est-il satisfaisant et, pour ainsi dire, suffisant ?

RENFORCER LA RÉPRESSION PÉNALE ?

Une certitude au moins paraît immédiatement s'imposer : la répression pénale n'est pas, n'est plus la solution. L'a-t-elle jamais été ?

Largement promue en France autour des années 1970 – faute d'imaginer des sanctions plus efficaces –, elle a semblé retrouver un certain lustre aux États-Unis à la faveur de la loi Sarbanes-Oxley. Elle demeure une réalité judiciaire dont témoigne le nombre assez important d'arrêts rendus sur des infractions diverses, notamment celle d'abus de biens sociaux. Mais à trop l'utiliser et de manière désordonnée, elle a considérablement perdu de son efficacité ; cela, d'autant plus que les procédures pénales sont longues, que les principes qui en garantissent le bon déroulement – notamment ceux de la présomption d'innocence et du secret de l'instruction – se sont considérablement érodés, que le rôle du juge d'instruction et, au-delà, les caractères mêmes de notre procédure pénale (inquisitoriale et non accusatoire) sont aujourd'hui sérieusement mis en cause, dans l'attente d'une réforme prochaine. Fait significatif : un consensus semble même se dessiner en faveur d'une dépénalisation de la vie des affaires qu'il faut comprendre comme la nécessité de ramener la répression pénale dans des frontières plus étroites.

Faut-il lui substituer pour autant, comme on le propose parfois, une répression administrative accrue sur les marchés financiers ? L'Autorité des marchés financiers (AMF) n'a-t-elle pas obtenu du législateur le renforcement de ses sanctions pécuniaires ? C'est assurément un progrès dans la voie de la dissuasion, mais le corps social, comme l'affaire EADS l'a du reste montré très récemment, ne semble pas favorable à ce que l'on supprime pour autant la sanction pénale. Il ne faut pas chercher ailleurs les raisons de cette anomalie majeure : le « manquement d'initié », infraction au règlement de l'AMF, double aujourd'hui le « délit d'initié », infraction pénale. Il est difficile de ne pas admettre, au-delà de la nécessité d'une politique de dépénalisation, la nécessité d'un toilettage de nos textes pour éviter que les mêmes faits ouvrent la voie à une double, quand il ne s'agit pas d'une triple, peine.

NOMMER DES ADMINISTRATEURS INDÉPENDANTS

« La seule réforme efficace serait de rendre chaque administrateur individuellement responsable sur le plan juridique des décisions du conseil d'administration et des comités auxquels ils participent », déclare Philippe Poincloux (*Le Monde*, 30 mars 2010), avant de poursuivre : « Ils agiraient alors certainement d'une manière différente [...] la contrepartie de cette responsabilité [étant] une forte augmentation de leur rémunération. »

C'est ici principalement de responsabilité *civile* qu'il s'agit.

Cette proposition en appelle immédiatement une autre : la désignation d'administrateurs *indépendants*, au sens où nous l'avons déjà largement évoqué (limitation du cumul des mandats, formés pour cette tâche...) mais aussi au sens juridique : indépendants de fait, les administrateurs seraient dès lors considérés comme tels par le juge, et ne pourraient plus dissimuler leur responsabilité derrière la jurisprudence de la « faute séparable ».

Cette proposition, assez largement partagée aujourd'hui, repose-t-elle seulement sur un examen attentif du dernier état de la jurisprudence ? Cette dernière empêche-t-elle réellement la prise en compte de la responsabilité des administrateurs en dehors de cas exceptionnels ne relevant pas de l'exercice normal de leurs fonctions ?

Il ne le semble pas.

On croit parfois que la responsabilité des administrateurs n'est effectivement jamais que collective et solidaire, et que leur responsabilité individuelle et celle des dirigeants qu'ils encadrent disparaissent ainsi.

En réalité, chacun reste en dernier ressort comptable de ses actes et par conséquent de ses fautes, de ses erreurs ou de ses négligences. C'est tout au moins ce qui résulte d'un examen attentif de la jurisprudence récente, qui semble avoir réagi avant même le législateur ou, plus exactement, qui semble avoir décidé d'interpréter autrement l'arsenal législatif existant. La Cour de cassation vient ainsi de rappeler avec éclat, dans un arrêt du 30 mars 2010, que « commet une faute individuelle chacun des membres du conseil d'administration ou du directoire d'une société anonyme qui, par son action ou son abstention, participe à la prise d'une décision fautive de cet organe ».

Il suffit donc que les membres d'un conseil aient voté un arrêté de comptes qu'ils savaient inexact pour que leur responsabilité soit engagée avec toutes conséquences que de droit. La position de la cour est d'autant plus intransigeante qu'elle ne s'attarde pas sur le fait qu'ils ne se sont pas opposés au vote. Cette abstention manifeste, pour la Cour de cassation, une volonté de dissimulation de l'état réel dans lequel se trouvait la société en cause, en l'espèce une banque.

Cet arrêt est-il isolé ?

Il fait en réalité suite à une autre décision rendue quelques semaines auparavant, le 9 mars 2010, qui condamne fermement la jurisprudence de certaines cours d'appel. Elles exigeaient des actionnaires qu'ils démontrent une faute séparable des dirigeants. Dans un arrêt du 9 mars 2010, la Cour de cassation martèle le principe d'une responsabilité des administrateurs et dirigeants à l'égard des actionnaires, « sans que les fautes imputées à ces dirigeants soient intentionnelles, d'une particulière gravité et incompatibles avec l'exercice normal des fonctions sociales ».

Le même arrêt approuve la cour d'appel d'avoir condamné les administrateurs « qui doivent débattre de toutes difficultés portées à leur connaissance, ce qui était le cas des réserves des commissaires aux comptes », et donc « qui ne sauraient arguer de ce qu'ils n'avaient pas connaissance du caractère trompeur tant des comptes que de ces communiqués ».

Les formules utilisées ne sont pas indifférentes : elles ont une force exceptionnelle, comme si l'on assistait au réveil des juridictions, désireuses de s'approprier tout l'arsenal des sanctions prévues par les textes, pour le mettre en œuvre et responsabiliser les administrateurs trop complaisants. Il ne servirait à rien de le renforcer ; il est déjà suffisant, semble vouloir signifier la haute juridiction de l'ordre judiciaire.

Il faut l'utiliser, comme les juridictions semblent désormais déterminées à le faire, davantage, il est vrai, dans l'intérêt des victimes dont le préjudice appelle réparation qu'avec le souci de promouvoir une meilleure gouvernance. Mais ce n'est pas la préoccupation des cours et tribunaux. Nul doute que celle-là passe par celle-ci.

ÉLARGIR LE PRÉJUDICE RÉPARABLE

Encore faut-il, pour que le juge déclenche son contrôle et par conséquent sa sanction, que le préjudice entre dans la catégorie des *préjudices réparables*. Il y a là une autre voie, qui, en responsabilisant les dirigeants, peut améliorer la gouvernance des entreprises : renforcer le montant des indemnités aux cas de fautes exposant la responsabilité civile individuelle des dirigeants et des administrateurs. Elle est complémentaire de celle qui précède.

L'investisseur qui voit la valeur de ses titres s'éloigner de ses espérances parce qu'il a fait confiance à tort à l'information qui lui était communiquée, par la malignité des uns ou la négligence des autres, doit pouvoir obtenir réparation de son préjudice, à la mesure de l'importance de ce dernier, pour son intégralité, et non pour une partie. Plus son action en réparation aura de chances d'être accueillie et son indemnisation de chances d'être complète, plus les dirigeants sociaux seront appelés à mesurer la portée de leurs actes.

Or, dans bien des cas, la position traditionnelle des juridictions limitait – limite encore – ses prétentions, quand elle ne faisait pas échec à sa demande, au motif que le préjudice invoqué n'est pas séparable de celui de la société. Le préjudice étant collectif, la revendication d'un seul ne pouvait être accueillie.

Mais voici que cette jurisprudence est progressivement infléchie.

Un arrêt de la chambre criminelle du 30 janvier 2002[1] approuve en effet un arrêt de la chambre d'instruction de la cour d'appel de Paris pour avoir déclaré recevable la constitution de partie civile d'un actionnaire dans une poursuite concernant la publication de comptes inexacts et la diffusion de fausses informations. Les motifs de l'arrêt sont dépourvus d'ambiguïté, puisque la cour énonce que « le délit de présentation ou publication de comptes infidèles peut causer un préjudice personnel et direct aux associés ou porteurs de titres d'une société ». Cette décision est d'autant plus significative que la même chambre criminelle[2], quelques mois plus tôt, faisait encore application de la jurisprudence traditionnelle qui était beaucoup plus restrictive, quand elle n'allait pas en sens radicalement inverse.

Cette décision aura inauguré une jurisprudence nouvelle et, pour une large part, novatrice, à laquelle fait récemment écho ce jugement du tribunal correctionnel de Paris, rendu dans une affaire Sidel[3] qui a largement défrayé la chronique judiciaire. Le tribunal y accueille la demande de quelque sept cents actionnaires et leur accorde à chacun 10 euros à titre d'indemnisation par action détenue, du fait d'un manquement des dirigeants de la société à son obligation d'information. Il s'agit tout simplement du plus fort montant d'indemnisation attribué jusque-là par une juridiction française au titre d'une constitution de partie civile.

1. *Crim. Rev. Soc.*, 2002, p. 350, note Bouloc.

2. Cass. Crim., 29 novembre 2000, *Bull.* n° 359; 13 décembre 2003 n° 373 et 378.

3. TGI Paris (11e ch.) 12 septembre 2006, voir les observations de Dominique Schmidt, Dalloz, 2006, p. 2522.

Encore ne s'agissait-il, dans cette espèce comme dans celles qui suivront, que d'une indemnisation forfaitaire.

Mais voici que le juge semble désireux d'aller au-delà. Dans l'arrêt du 9 mars 2010 précité, la Cour de cassation s'oppose à la cour d'appel qui avait jugé que l'indemnisation devait être « au moins égale au minimum de l'investissement réalisé [en conséquence] des informations tronquées portées à leur connaissance ». La Cour de cassation, de son côté, souhaite dépasser cette vision et prendre notamment en compte la perte d'une chance d'investir ses capitaux dans des opérations plus rentables.

Ce changement de position – d'une indemnisation forfaitaire, nécessairement limitée, vers une indemnisation réelle, compensant l'intégralité d'un préjudice subi – marque un progrès considérable et une inflexion significative de la jurisprudence traditionnelle dont on peut attendre beaucoup.

La Cour de cassation et, après elle, du moins peut-on le penser, les juridictions du fond, entendent désormais exercer une véritable police du marché.

RÉGULER LE MARCHÉ : ORGANES DE RÉGULATION ET *CLASS ACTIONS*

De la police du marché à sa régulation, il n'y a qu'un pas, qui, sitôt franchi, invite à considérer deux voies d'action supplémentaires.

La première, qui serait assurément plus économe et plus rapide que ne l'est la voie judiciaire, consisterait – pour les sociétés cotées tout au moins – à donner à l'Autorité des marchés financiers (AMF), au-delà de son pouvoir de sanction, une compétence additionnelle pour accueillir la réparation des préjudices causés aux victimes des comportements sanctionnés et se prononcer sur les demandes de dommages-intérêts dont elle serait saisie. Comme cela se fait ordinairement devant une juridiction pénale.

Après tout, l'AMF est le « gendarme de la Bourse ». Certes, les sanctions qu'elle inflige répondent au besoin de justice des investisseurs. Mais sans réparation ce besoin n'est pas pleinement satisfait. Permettre à l'AMF d'accueillir des actions en réparation et de prononcer des indemnités améliorerait sensiblement la situation des victimes en même temps que cela contribuerait à la discipline du marché.

Les études conduites en ce sens ont cependant montré que cette voie n'était pas facilement exploitable en dépit de l'intérêt appuyé que l'AMF semble lui témoigner.

Une deuxième voie envisageable et qu'il faut considérer avec beaucoup d'attention est celle des *actions en nom collectif*. Il ne faut pas la confondre avec le projet de *class actions* à la française. Ce projet n'a cessé d'être différé et semble pour l'instant laissé de côté. L'actualité du débat sur ces actions en nom collectif vient plutôt d'une question posée à la Cour suprême américaine à propos de la possibilité pour une juridiction de ce pays, qui dispose du mécanisme des *class actions* depuis de nombreuses années, d'accueillir la demande de plaignants étrangers. Ces plaignants sont, en l'espèce, des épargnants australiens, qui souhaitent pouvoir assigner, sur le territoire nord-américain, la National Australia Bank pour information trompeuse, en faisant valoir le fait que les tromperies reprochées ont été commises par la filiale de cette banque australienne établie en Floride. Cette question a reçu une réponse nuancée dans un arrêt du 24 juin 2010, qui limite ce droit aux seules opérations réalisées sur le territoire américain.

Cette décision suscite un intérêt mondial, qui dépasse les faits de l'espèce comme en témoigne la qualité des intervenants volontaires qui ont fait valoir leurs commentaires en tant qu'*amici curiae* : parmi eux, rien de moins que trois États dont la France, et de nombreuses entreprises au nombre desquelles EADS, Vivendi, Lagardère ou encore Alstom.

Elle recouvre un véritable enjeu de souveraineté, puisque derrière les réserves exprimées par la cour américaine, l'enjeu est l'applicabilité ou la non-applicabilité extra-territoriale de la loi américaine, dont le mécanisme est très différent de celui de la loi française. En France, nul ne plaide par procureur. Aux États-Unis, les *class actions* font entrer dans une action collective toutes les victimes concernées, quand bien même elles ne se seraient pas associées volontairement à la procédure introduite, sauf pour elles à s'en dissocier ouvertement en faisant jouer la clause de sortie (*opt-out*).

On voit ici que la porte est étroite et qu'il serait très imprudent de laisser la Cour suprême américaine décider du sort des victimes des dirigeants d'entreprises françaises, en leur consentant moins de droits que ceux qu'elles pourraient revendiquer devant une juridiction américaine.

GÉNÉRALISER LE SYSTÈME DU *COMPLY OR EXPLAIN* ?

La prime est donc à l'imagination – au-delà des procédures judiciaires et des aléas qu'elles comportent –, à l'invention de nouvelles modalités, plus conformes aux exigences multiples et souvent contradictoires de la protection des victimes et de la sanction de comportements délictueux. Elles seraient également plus adaptées à la recherche d'une nouvelle gouvernance d'entreprise.

Tel est notamment le cas du mécanisme original dit « *comply or explain* », déjà brièvement évoqué dans cet ouvrage, et utilisé depuis peu dans certaines structures, et qui pourrait et devrait très vraisemblablement retenir l'attention de toutes les parties prenantes dans les années qui viennent et se généraliser.

Ce mécanisme est inspiré de techniques juridiques internationales préexistantes, utilisées depuis de nombreuses années. C'est ainsi que, dans le secteur du transport aérien, les conventions internationales, par exemple la convention relative à l'aviation civile internationale du 7 décembre 1944, dite convention de Chicago, est munie de dix-neuf annexes, couvrant tous les aspects de l'organisation internationale du transport aérien et qui rassemblent deux types de prescriptions : des normes (de valeur contraignante) et des pratiques recommandées (non obligatoires). Les secondes figurent en italique dans le texte des annexes, pour manifester leur différence avec les premières. Ces normes et pratiques recommandées sont adoptées ou régulièrement revues selon une procédure respectueuse de la souveraineté des États et qui en limite les effets bloquants. Adoptées par des majorités qualifiées, les nouvelles normes ou pratiques recommandées sont notifiées aux administrations des États concernés, qui disposent de la faculté d'émettre des réserves. En émettant des réserves, elles déclarent officiellement une différence de situation entre leurs législations nationales et la nouvelle législation internationale, différence qui les autorise à déroger à la réglementation internationale, mais pour un temps seulement, puisqu'un État n'a jamais intérêt à se singulariser, tout particulièrement lorsqu'il s'agit d'une activité internationale, sous peine de s'isoler du concert des autres nations.

Le mécanisme du *comply or explain*, que l'on pourrait généraliser, est inspiré de ce type de pratiques internationales.

Lorsque les dirigeants d'une société émettent des titres sur le marché, ils sont en effet assujettis au respect des codes de bonnes pratiques, identifiées par des instances internationales et relayées par des organismes professionnels nationaux. Ces codes n'ont pas la valeur des codes nationaux ; ils relèvent davantage du domaine des déclarations d'intention ou des recommandations et rappellent les pratiques recommandées dans le secteur du transport aérien. Les dirigeants concernés peuvent ainsi choisir de ne pas s'y conformer, de même que les États, dans l'exemple développé ci-dessus, peuvent faire valoir des réserves par rapport à une nouvelle réglementation internationale. Ils doivent alors exposer les raisons qui justifient leur décision. Il faut que ces raisons soient solides pour que leur situation soit recevable par la communauté internationale, sans quoi ils prendraient le risque de perdre la confiance du marché.

Généralisée par l'Union européenne, la technique du *comply or explain* a toutefois fait l'objet de transpositions variables selon les États, qui, pour certains d'entre eux, ont fait valoir des réticences à son endroit.

Ils insistent en particulier, non sans raison, sur le fait que ce système a pour conséquence de substituer une contrainte de fait, essentiellement économique, à une contrainte de droit, qui résulte du mécanisme de la sanction des dirigeants par les voies habituelles précédemment décrites. Or, font-ils observer, certains de ces investisseurs, notamment les investisseurs institutionnels, disposent d'une puissance de marché telle qu'elle leur permet d'imposer aux sociétés dans lesquelles ils ont investi le respect de règles plus exigeantes que celles imposées par la loi. Ce serait en quelque sorte installer la loi du plus fort.

Par ailleurs, les procédures traditionnelles restent dans une large mesure respectueuses de l'anonymat des parties et du secret des affaires, alors que le mécanisme du *comply or explain* institutionnalise la transparence, en jetant l'opprobre sur certaines entreprises. Mais c'est pour tout dire l'objectif poursuivi. Cependant, cette logique du *name and shame* est certes adaptée à la culture anglo-saxonne qui fait de la dénonciation et de la stigmatisation des comportements un mode de régulation de la vie des affaires.

Mais au-delà du monde anglo-saxon, est-elle recevable dans d'autres cultures des affaires ?

En troisième lieu, on fait valoir que le mécanisme du *comply or explain* privilégie les déclarations sur les comportements vertueux. Or une telle approche suppose que les actionnaires soient attentifs à ce type d'information et prêts à en tirer les conséquences. Diverses études, réalisées notamment au Royaume-Uni, montrent une certaine indifférence des investisseurs à ce type d'information, sauf lorsque la société est en situation de crise et produit de mauvais résultats. A-t-elle seulement empêché la survenance de l'affaire Enron ?

On voit que cette approche nouvelle n'est pas totalement convaincante et que le renouvellement des modalités de la sanction que beaucoup appellent de leurs vœux nécessite encore une importante réflexion.

Ainsi vont les sanctions dont on ressent la nécessité, sans parvenir à en identifier les formes les plus adaptées. On comprend mieux la difficulté actuelle de lier les sanctions aux nouvelles règles de gouvernance des entreprises. On perçoit confusément qu'elles sont intimement liées, sans parvenir à les rendre totalement compatibles. Les unes et les autres restent très délicates à imaginer : sans doute parce que les entreprises sont des organismes vivants qui se transforment à chaque instant, au gré de leur fonctionnement interne et des contraintes qui pèsent sur elles ; mais peut-être davantage parce que leurs dirigeants sont des hommes et des femmes qui, s'ils montrent quotidiennement qu'ils sont capables d'idéaux et de dépassement, font parfois aussi preuve de cupidité.

Comme pour la monnaie, il faut évidemment veiller à ce que la mauvaise gouvernance, favorisée par l'impunité, ne remplace pas la bonne qui doit donner à chacun, sous un régime de responsabilité et de sanction mesuré, le moyen de participer à l'idéal collectif de l'entreprise.

CHAPITRE 9

Les dirigeants sont-ils trop payés ?

Jean-Pierre Boisivon

Les polémiques sur les rémunérations des dirigeants sont apparues à l'occasion de quelques cas qui ont fait scandale et qui ne concernaient d'ailleurs pas la rémunération proprement dite des intéressés mais des avantages annexes : indemnités de départ ou garanties de retraite. On a ainsi connu les indemnités de départ de Noël Forgeard ou de Patricia Russo et la retraite chapeau de Daniel Bernard, sans parler des demandes faramineuses d'Antoine Zacharias. Aujourd'hui le débat s'est étendu à l'ensemble des éléments constituant la rémunération.

DE QUI S'AGIT-IL ?

Mais de quels patrons s'agit-il ? Il y a en France plus d'un million d'entreprises employant au moins un salarié. Le revenu annuel moyen de leurs dirigeants s'établit à 50 000 euros. On est loin des millions d'euros qui défrayent la chronique. Si on restreint très fortement la population concernée en ne retenant que les patrons du SBF 250, on atteint 700 000 euros par an. On n'est toujours pas dans les rémunérations à 7 chiffres. En fait, pour atteindre de tels niveaux, il faut se limiter aux dirigeants du CAC40, c'est-à-dire à ceux qui ont en charge les quarante plus grandes entreprises françaises. Encore ne sont-ils pas tous logés à la même enseigne. Des différences significatives existent entre eux, comme on le verra.

Avant d'aller plus loin trois remarques méritent néanmoins d'être formulées.

La première concerne la transparence. On sait aujourd'hui tout des rémunérations des dirigeants des grandes sociétés cotées. Pour s'informer, il suffit d'ouvrir le rapport annuel ou de se rendre sur le site Internet de l'entreprise. Dans leur rapport de novembre 2009 sur l'application de leurs recommandations en matière de rémunération des dirigeants mandataires sociaux, l'AFEP et le MEDEF constataient que toutes les sociétés qui constituent le CAC40 ont fait connaître en 2008 le montant et le détail de la rémunération individuelle de leur dirigeant, en distinguant notamment la partie fixe de la partie variable. C'était loin d'être le cas il y a encore quelques années.

La deuxième a trait aux situations que l'on pourrait qualifier de moralement abusives ou traduisant une confusion des genres même si elles ne sont pas répréhensibles d'un point de vue strictement juridique. Elles sont en forte régression. Il s'agit par exemple du maintien d'un contrat de travail au bénéfice du mandataire social, qui permettait à ce dernier de jouer sur les deux tableaux en réactivant, le cas échéant, les garanties accordées par la loi aux salariés. C'est une situation en voie de disparition. Seule une minorité de sociétés (moins de 10 %) ont fait savoir qu'elles maintenaient ce dispositif en le justifiant par des raisons particulières, dans la plupart des cas convaincantes. Les indemnités de départ, de leur côté, sont désormais plafonnées à deux ans de salaire et elles ne peuvent être versées que sous conditions de performance. En revanche, les garanties de retraite font de la résistance. Les recommandations de l'AFEP et du MEDEF butent pour l'instant sur deux dispositions : celle qui concerne la nécessité d'un minimum d'ancienneté pour pouvoir en bénéficier et celle qui dispose que l'acquisition des droits à retraite doit se faire progressivement, année par année. Moins de 40 % des sociétés du CAC40 ont répondu dans ce sens à l'enquête conduite par l'AFEP et le MEDEF.

LES GARANTIES DE RETRAITE SONT-ELLES CONDAMNÉES ?

Même si elles ne font pas partie de la rémunération *stricto sensu*, elles représentent une rémunération différée dont le montant peut se révéler considérable puisqu'elles portent sur une période longue.

Il faut d'abord savoir de quoi on parle car on confond fréquemment le montant de la retraite qui sera versée et le montant du capital qu'il est nécessaire de constituer pour permettre le service de celle-ci, montant qui dépend lui-même du montant de la rente mais aussi de l'âge auquel elle sera perçue, de l'espérance de vie de son bénéficiaire, de l'existence ou non d'une clause de réversion, etc. On a écrit que Daniel Bernard avait quitté Carrefour avec un chèque d'une trentaine de millions d'euros. Cette somme ne lui a jamais été versée et il n'en aura jamais la disposition. Elle correspond au capital nécessaire pour lui payer la retraite convenue.

Il n'empêche que l'acquisition pour quinze, vingt ans ou davantage de droits à retraite qui peuvent atteindre, voire dépasser, le million d'euros par an en contrepartie d'une durée d'exercice du mandat de quelques années, constitue un avantage exorbitant. On devrait poser que les droits à retraite s'acquièrent progressivement ou/et qu'au-delà du régime constitué dans l'entreprise pour l'encadrement supérieur au sens large, la retraite devienne une affaire personnelle et qu'il appartient aux dirigeants d'y pourvoir par eux-mêmes. En tout cas, soyons rassurés, il serait bien étonnant qu'un tel système survive au débat sur les retraites.

La troisième est relative à la mise en place d'instruments de régulation. La loi est intervenue notamment en matière d'indemnités de départ, mais l'essentiel est venu des organisations professionnelles qui ont très vite réagi à la révélation de situations anormales avec, il convient de le signaler, un plein soutien de la part de la majorité des dirigeants eux-mêmes. L'AFEP et le MEDEF ont formulé en octobre 2008 des recommandations sur les rémunérations des dirigeants et, dès novembre 2009, publiaient un premier rapport sur leur mise en œuvre. On fera valoir qu'il s'agit de simples recommandations mais ce sont des recommandations particulièrement contraignantes dans la mesure où s'applique le principe « *comply or explain* » (voir le chapitre précédent). Parallèlement fut créé un comité des sages qui peut être saisi par les conseils d'administration pour apprécier la conformité de leurs décisions avec les recommandations.

Il n'empêche que, quels que soient les progrès accomplis en matière de transparence, de résorption des situations abusives, de régulation du système, la question reste posée : les patrons sont-ils trop payés ?

DE QUOI S'AGIT-IL ET DE COMBIEN ?

La rémunération d'un dirigeant se compose de deux éléments : le salaire proprement dit qui se compose lui-même de deux parts, la part fixe et la part variable, et les stock-options ou les actions de performance qui peuvent lui être attribuées par le conseil. Les garanties de retraite, quand elles existent, et d'éventuelles indemnités de départ font certes partie du « package » mais elles ne constituent pas des éléments de même nature, ne serait-ce que par le fait qu'elles n'apparaissent que lorsqu'il y a cessation ou rupture de l'activité. Elles participent d'une autre logique.

Il existe par ailleurs une différence majeure entre salaire d'un côté et stock-options ou actions de performance de l'autre. Le salaire, une fois déterminée la part variable soumise à conditions, est connu de manière certaine et non révisable. La valeur des stock-options ou des actions de performance au moment où elles sont attribuées ne peut faire l'objet que d'une estimation. Leur valeur finale dépendra de l'évolution du cours de l'action sur le marché. Compte tenu des conditions de durée de détention qui doivent être observées, ce n'est que des années plus tard que la valeur finale et définitive de cette composante de la rémunération pourra être évaluée avec certitude. Dans l'intervalle, elle fluctue avec le cours de l'action sur le marché. Elle peut tomber à zéro si le cours de Bourse baisse et descend au-dessous du prix qui a été fixé pour souscrire les actions qui ont fait l'objet d'options. Mais au moment où le conseil fixe la rémunération du dirigeant, le futur n'est pas connu et cette part ne peut être qu'estimée. Pour les stock-options, les normes comptables dites IFRS prescrivent d'utiliser le modèle de Black et Scholes qui est utilisé de manière générale pour évaluer les options sur les marchés financiers. L'estimation doit être certifiée par les commissaires aux comptes.

En 2009, les salaires (part fixe et part variable) des dirigeants des (trente-huit) sociétés du CAC40 (qui avaient communiqué l'information au moment de la rédaction de ce chapitre) se sont élevés, en moyenne, à 2 000 000 d'euros. Dans ce total la part variable représentait un peu plus de la moitié (53 %).

LES SALAIRES 2009 DES DIRIGEANTS DU CAC-40

Sept ont perçu plus de 3 millions d'euros dont un, Franck Riboud, PDG de Danone, plus de 4 millions (dont 76 % au titre de la rémunération variable).

Quatre entre 2,4 et 3 millions d'euros.

Quinze entre 1,6 et 2,4 millions d'euros.

Douze moins de 1,6 million dont huit moins de 1,2 million.

Il convient d'y ajouter, pour ceux qui en ont bénéficié, la valeur estimée des stock-options et celle des actions de performance qui ont pu être accordées par les conseils. À titre d'exemple, vingt et un présidents ont bénéficié d'une attribution de stock-options en 2008 (vingt et un également en 2009) et dix d'actions de performance (quatorze en 2009) en sachant que, parmi ces dix, sept ont cumulé stock-options et actions de performance. Le total de ces deux allocations s'est situé dans une fourchette allant de 1 à 3 millions d'euros si on fait abstraction des extrêmes (250 000 euros pour Gérard Mestrallet, président de GDF Suez, 12 500 000 euros pour Bernard Arnault, président et « propriétaire » de LVMH). Les conseils n'accordent pas de stock-options ou d'actions de performance chaque année. Vingt et un plans de stock-options ont été attribués aux présidents du CAC40 en 2008 et en 2009, contre trente-trois en 2006.

POURQUOI CE REJET PAR L'OPINION ?

Remarquons d'abord que les salaires des patrons ont été fortement augmentés depuis le début des années 1990. Mais cette hausse a d'abord traduit un phénomène de rattrapage dans la mesure où un nombre important des grandes entreprises du CAC40 appartenaient encore au secteur public ou en étaient récemment sorties. La rémunération de leurs dirigeants était davantage comparable à celle des hauts cadres de la fonction publique qu'à celle de leurs homologues étrangers. Aujourd'hui l'écart a été comblé et les salaires des patrons des grandes entreprises françaises se situent dans la norme européenne, plutôt en dessous de ceux de leurs homologues qui dirigent des entreprises britanniques ou allemandes, loin derrière ceux des patrons américains. Les entreprises européennes présentes aux États-Unis sont confrontées à cette situation paradoxale où des cadres supérieurs de leur filiale peuvent être mieux rémunérés que le président de la société mère. Mais dans tous les pays les rémunérations des dirigeants sont aujourd'hui contestées.

Pour autant d'autres professionnels se situent au même niveau, voire à des niveaux supérieurs. Un dirigeant du CAC40 ne gagne pas plus, parfois moins, qu'un banquier d'investissement ou un avocat d'affaires. Or, si la compétence requise pour exercer ces métiers est comparable, les responsabilités ne sont pas les mêmes. Que dire des vedettes du show-biz et de certains sportifs dont les rémunérations, connues de tous, n'émeuvent pas l'opinion. On ne peut que s'interroger sur le fait que les salaires des entraîneurs – pas des joueurs – des clubs de football, patrons de petites PME, atteignent et fréquemment dépassent ceux des présidents des grands groupes: Claude Puel à Lyon perçoit 2 500 000 euros, José Mourinho au Real Madrid plus de 8 millions, Rafael Benitez, dont le club, Liverpool, ne fait pas cette année une saison glorieuse, se situe dans les mêmes eaux. Malgré toute la sympathie qu'on éprouve pour Arsène Wenger, entraîneur d'Arsenal qui, avec 2 000 000 d'euros annuels est le moins bien payé de la première ligue anglaise, on ne peut s'interdire de penser que ses erreurs de stratégie auraient des conséquences moins graves que celles que pourraient éventuellement commettre Benoît Potier, président d'Air Liquide, ou Jean-Pascal Tricoire, président de Schneider Electric, dont les salaires ne sont pas supérieurs au sien.

On objectera que si les banquiers et les avocats d'affaires vivent à l'abri des critiques, ils le doivent au fait qu'ils n'ont pas d'existence pour l'opinion publique. Pour vivre heureux, vivons cachés! S'agissant d'autres professionnels, vedettes du petit et du grand écran, sportifs… l'opinion croit percevoir trois différences radicales entre leur situation et celle des patrons qui justifieraient la différence d'attitude à leur égard: le risque, le marché, le talent.

Le risque

Lorsqu'un sportif de haut niveau ou un artiste du spectacle voit ses performances ou sa capacité à fabriquer de l'audience baisser, la sanction est immédiate et brutale. Les entraîneurs des équipes de football savent que leur espérance de vie ne dépassera pas, sauf exception, un nombre limité de défaites. L'opinion est convaincue que ce n'est pas le cas pour les dirigeants, que les petits arrangements entre amis et les généreuses indemnités de départ finiront toujours par l'emporter. Elle a de moins en moins raison. La précarité est devenue une caractéristique incontournable du métier pour les patrons du CAC40 dont la durée de vie est à peine supérieure à cinq ans. Harcelés par les marchés, les conseils tirent rapidement – parfois trop rapidement – les conséquences de performances médiocres à court terme et la géographie du capital peut à tout moment se modifier, entraînant des changements de majorité qui se traduisent fréquemment par le départ contraint des dirigeants en place. Quant aux indemnités de départ, elles sont désormais plafonnées par la loi et soumises à conditions de performance.

Le marché

Il existe un marché des sportifs et des vedettes du show-biz. Leurs rémunérations se forment sur un marché concurrentiel et ont donc une véritable objectivité. Rien de comparable au *mercato* d'hiver pour les patrons, et l'idée qu'il existerait un marché international des dirigeants comparable à celui des sportifs, c'est-à-dire se traduisant par une mobilité effective des personnes, ne résiste pas, aujourd'hui, à l'analyse, même si un marché national tend à se mettre en place. Mais, si nous ne voyons pas le marché, c'est peut-être que nous ne le cherchons pas au moment où il existe, c'est-à-dire de nombreuses années avant le moment où sont nommés les dirigeants. Dans les grands groupes, la rétention des talents est devenue un enjeu stratégique. Or les hauts potentiels, ceux qui constituent le vivier dans lequel sera recruté le futur patron, ont une grande mobilité professionnelle et géographique. C'est la plus belle réussite à mettre à l'actif de la formation donnée depuis vingt ans dans les grandes écoles françaises. Prenons garde de ne pas rééditer ce que nous avons si bien réussi dans le sport : nous avons les meilleures écoles de football d'Europe mais nos clubs ne conservent pas les joueurs qu'ils ont formés… qu'ils retrouvent ensuite dans le camp adverse à l'occasion des compétitions européennes. Par ailleurs, d'autres arbitrages existent, à d'autres moments, pour des dirigeants de haut vol, par exemple celui de la banque d'affaires qui peut proposer des niveaux de rémunération supérieurs à ceux offerts par les entreprises. Que se passerait-il si, demain, les meilleurs étaient nombreux à quitter les entreprises françaises ou à préférer la banque d'affaires aux entreprises traditionnelles, celles qui emploient, exportent et assurent la croissance ? Au passage de la charrette conduisant Lavoisier à la guillotine, un ignorant était là pour proclamer que la République n'avait pas besoin de savants. Résistons à ce penchant funeste.

Le talent

Même dans un sport d'équipe, il est évident que certains des participants sont plus égaux que d'autres et que leur forme ou leur méforme du moment peut faire basculer le destin d'un match. De manière tout aussi évidente, il est clair pour tout le monde, sans qu'il soit besoin de démonstration, que la présence de tel acteur ou actrice à l'affiche assurera le succès du film et que l'audience d'une émission de télévision dépend tout autant, sinon davantage, de l'animateur que de son contenu. Cette perception du rôle éminent de l'un des acteurs n'existe pas lorsqu'il s'agit des patrons. On conçoit bien que ce métier exige un haut niveau de qualification, qu'il implique de fortes contraintes sur la vie personnelle, qu'il est indissociable de grandes responsabilités… mais rien qui justifie les millions d'euros et l'écart qui les sépare de leurs collaborateurs même les plus proches, sans parler des autres salariés de l'entreprise. Les rémunérations des patrons à leur niveau actuel ne seront pas admises tant que l'opinion n'aura pas perçu le rôle singulier du dirigeant qui peut seul décider d'accomplir ou non le mouvement stratégique qui va changer positivement ou négativement le destin de son entreprise. L'histoire récente des grands groupes français en offre de nombreux exemples. C'est parce qu'ils avaient du talent qu'un certain nombre des présidents qui quittent aujourd'hui les affaires ont constitué des leaders mondiaux après avoir pris en charge, à la suite des privatisations, des entreprises encore peu présentes à l'international et de santé parfois chancelante. C'est parce qu'ils ont du talent que les nouveaux patrons du CAC40 ont tenu la barre dans la tempête de la crise. Dans les entreprises, comme sur les terrains de sport ou les plateaux de télévision, il y a les bons professionnels et ceux qui ont du talent. Et le talent, qui est exceptionnel, se paye toujours cher.

Une autre façon de poser la question de la rémunération des dirigeants serait d'interroger la morale sociale. On ne peut évidemment pas esquiver de poser la question en termes d'inégalités. Est-il acceptable, quel que soit son apport personnel à l'entreprise qu'elle dirige et à la collectivité à laquelle elle appartient, qu'une personne gagne en un jour ce que des millions d'autres gagnent en un an ? Mais soulever la question en ces termes, c'est aussi s'assurer qu'elle n'aura pas de réponse ou qu'elle aura autant de réponses différentes selon l'individu auquel on la posera. Où se situe la limite ? Quand on demande aux Français de situer le seuil d'accès aux hauts revenus, ils répondent 6000 euros par mois. Dans ces conditions si, au terme d'un sacrifice collectif, les patrons du CAC40 décidaient de diviser leurs salaires par 10 on serait encore loin du compte.

LES PATRONS SONT-ILS « BIEN » PAYÉS ?

Mais au-delà de savoir s'ils sont trop payés, ce qui, en définitive, a une influence directe négligeable sur les comptes de l'entreprise, il faut se demander s'ils sont « bien » payés, ce qui peut avoir une influence déterminante sur les performances de celle-ci ; bien payés, c'est-à-dire si les différentes composantes de leur rémunération et leur pondération, si les critères et les conditions de performance qui leur sont fixés… vont dans le sens de l'intérêt à long terme de l'entreprise.

Réguler les stock-options si on veut les sauver

Une première question se pose à propos des stock-options. Elles se sont développées au début des années 1990 et elles ont permis aux « start-up » d'attirer les cadres confirmés dont elles avaient besoin pour poursuivre leur développement, mais qu'elles n'auraient pas pu rémunérer au niveau auquel ils étaient payés dans les grandes entreprises qui les employaient. Ceux-ci acceptaient une réduction très significative de leur salaire en échange de la perspective de faire fortune si la start-up prospérait. Puis les stock-options ont été utilisées par les grandes entreprises pour faire converger les intérêts à long terme de leurs dirigeants avec celui de leurs actionnaires par l'intermédiaire du cours de Bourse. Elles ont incontestablement permis à des dirigeants salariés de se constituer un patrimoine important dans un pays où le poids des prélèvements fiscaux et sociaux rend difficile de le faire à partir du seul salaire. Elles font l'objet de trois types de critiques. D'abord, certaines études jettent un doute sur la relation entre les performances de l'entreprise et l'attribution de stock-options à leurs dirigeants. Ensuite, on s'est demandé si l'attribution de plans d'options représentant, comme cela peut être le cas aux États-Unis, des montants considérables n'était pas de nature à faire franchir la ligne rouge à certains dirigeants. Enfin, le mécanisme des stock-options peut ouvrir la porte aux effets d'aubaine dans la mesure où la hausse du cours d'une action dépend à la fois des résultats de l'entreprise et de la tendance générale du marché. Il est donc impératif de mettre des bornes et des conditions à l'attribution et à la réalisation des plans d'options ou d'actions gratuites.

La deuxième question est relative aux conditions de performance et aux critères qui sont utilisés pour les déterminer. Aujourd'hui, quand on analyse les différents éléments de la rémunération des patrons du CAC40, on constate que, hors la part fixe du salaire, ils sont tous soumis à conditions de performance. C'est le cas, par définition, de la part variable, et c'est la règle pour l'exercice des stock-options ou des actions gratuites. Par ailleurs la loi l'exige pour les indemnités de départ lorsqu'elles sont prévues. La question est donc davantage celle des critères qui sont utilisés pour apprécier la performance et de leur bonne adéquation aux intérêts de l'entreprise.

Privilégier le long terme

De ce point de vue, la première remarque qui peut être formulée a trait à la nature des critères utilisés. On pourrait imaginer qu'ils ne soient pas exclusivement ou très majoritairement financiers et qu'ils prennent en compte les intérêts d'autres parties prenantes que les actionnaires : les salariés, les fournisseurs, l'environnement… Ce n'est pas le cas aujourd'hui même si l'on peut parfois trouver dans les objectifs personnels du président des critères relatifs à la sécurité, au climat social…

La deuxième observation tient à la prise en compte du long terme. Une des principales critiques exprimées à l'encontre des modalités de rémunération des dirigeants tient au fait qu'elles les conduiraient à privilégier le court terme au détriment du long terme. Les choses changent, notamment pour les stock-options et l'attribution d'actions de performance, dont on a vu le poids qu'elles pouvaient représenter dans la rémunération globale. Les dispositifs qui se mettent en place, qu'il s'agisse des conditions mises à leur attribution effective ou aux obligations de conservation dont elles sont assorties, ne permettent plus aux dirigeants qui veulent en tirer profit de se situer uniquement dans le court terme. Cette prise en compte du long terme s'étend aujourd'hui à la part variable du salaire elle-même: pour Baudouin Prot, directeur général de BNP Paribas, la moitié du versement de sa rémunération variable au titre de 2009 sera étalée sur trois ans et soumise chaque année à une condition de rentabilité des fonds propres.

LES OPTIONS DE SOUSCRIPTION D'ACTIONS ATTRIBUÉES À BRUNO LAFONT, PDG DE LAFARGE EN 2010

100 % des options attribuées sont soumises à des conditions de performance.

Les critères utilisés pour définir ces conditions s'apprécient sur trois années: 2010, 2011, 2012.

Les options ne pourront pas être exercées avant quatre ans, c'est-à-dire pas avant 2014.

Bruno Lafont a l'obligation de conserver jusqu'à la cessation de ses fonctions 50 % des actions ainsi obtenues, et cela jusqu'à ce que la valeur des actions ainsi conservées représente un montant équivalent à trois années de sa dernière rémunération.

Bannir les effets d'aubaine

La troisième préoccupation concerne d'éventuels effets d'aubaine. En effet, les résultats financiers ou le cours de Bourse peuvent progresser parce que la conjoncture générale est favorable ou que le marché dans son ensemble est orienté à la hausse. Les indicateurs de performance ne devraient donc pas seulement traduire la performance absolue, celle de l'entreprise par rapport à elle-même, mais, chaque fois que cela est possible, la performance relative, celle de l'entreprise par rapport à celle de ses principaux concurrents.

LAFARGE, SON PDG ET SES CONCURRENTS

Bruno Lafont, le PDG de Lafarge, se doit de faire au moins aussi bien que ses concurrents et même mieux qu'eux s'il veut percevoir la totalité des éléments de rémunération proposés par le conseil.

En effet, la performance de Lafarge par rapport à ses sept principaux concurrents pèse à hauteur de 25 % des critères financiers utilisés pour fixer sa rémunération variable au titre de 2010. Ce critère sera pris en compte à 100 % si Lafarge est premier, 86 % s'il est deuxième… 0 % s'il est sixième ou au-delà.

Les options qui lui ont été accordées en 2010 ne pourront pas être exercées si la performance ne situe pas l'entreprise au moins en quatrième position dans le groupe de huit qu'elle constitue avec ses sept principaux concurrents même si les autres objectifs ont été atteints.

ALORS, TROP PAYÉS LES PATRONS ?

Si l'on se place d'un point de vue objectif qui intègre dans le champ de l'analyse les rémunérations d'autres professionnels, la réponse est non compte tenu de leur niveau de responsabilité. N'oublions pas qu'ils dirigent des entreprises qui réalisent des chiffres d'affaires qui représentent des milliards, voire des dizaines de milliards d'euros, et qui emploient dans le monde des dizaines et parfois des centaines de milliers de salariés. L'exigence de transparence est aujourd'hui satisfaite, l'obligation de décence progresse et la contrainte de performance est de plus en plus effective.

Si l'on se place d'un point de vue moral au sens de morale sociale, la question est sans réponse car il en est des rémunérations des patrons comme des appartements des ministres : personne ne peut indiquer *a priori* la superficie qui cesse d'être acceptable. Pourtant la limite existe : quand elle est franchie, cela se voit et la société s'indigne.

QUATRIÈME PARTIE

Nos propositions

Plus de quarante propositions ont été formulées au cours des développements par les différents contributeurs à cet ouvrage. Elles sont reprises ici. Pour certaines, elles rejoignent celles formulées par d'autres cercles de réflexion comme l'Institut français des administrateurs, l'AFEP ou le Medef. Ces propositions, sans doute un peu foisonnantes, visent en tout cas à contribuer au débat sur une nécessaire amélioration de la gouvernance.

QUESTION 1 : LES DIRIGEANTS OUBLIENT-ILS LE LONG TERME ?

P1 : Placer l'exercice de prospective au cœur de l'activité stratégique.

P2 : Assurer l'alphabétisme de la stratégie.

P3 : Faciliter la décentralisation de la réflexion stratégique.

P4 : Mettre en évidence la cohérence entre les initiatives stratégiques et les fondamentaux de l'identité d'entreprise.

QUESTION 2 : LES DIRIGEANTS PRENNENT-ILS RÉELLEMENT EN COMPTE LE DÉVELOPPEMENT DURABLE ?

P5 : Le développement durable doit être appréhendé par nos entreprises comme l'occasion de redéfinir à leur avantage le jeu concurrentiel.

P6 : Vendre des fonctionnalités plutôt que des objets.

P7 : Privilégier l'innovation et le développement de nouvelles technologies.

QUESTION 3 : LES DIRIGEANTS ONT-ILS OUBLIÉ LA CITÉ ?

P8 : Mieux rendre compte des effets positifs de l'internationalisation des entreprises sur l'emploi.

P9 : Mieux rendre compte des effets positifs de l'internationalisation des entreprises sur le niveau de vie et la dynamique économique nationale.

P10 : Mieux assurer la prise en compte des intérêts des employés dans la gouvernance même des entreprises.

P11 : Maintenir et développer l'employabilité des salariés.

P 12 : Accélérer le renouveau des politiques industrielles locales.

QUESTION 4 : LES DIRIGEANTS N'ENTENDENT-ILS QUE L'ACTIONNAIRE ?

P13 : Valoriser davantage les efforts des entreprises ayant une vision de long terme.

P14 : S'appuyer encore plus sur le dynamisme des entrepreneurs pour gérer au mieux la sortie de crise.

P15 : Mener une politique audacieuse de valorisation de l'immatériel.

QUESTION 5 : LES DIRIGEANTS SONT-ILS VRAIMENT CONSEILLÉS ?

P16 : Combiner indépendance et compétences des administrateurs.

P17 : Améliorer la formation des administrateurs indépendants.

P18 : Fournir aux administrateurs une information de qualité.

P19 : Structurer le processus de réflexion stratégique du conseil d'administration.

P20 : Concevoir l'évaluation des travaux du conseil comme un levier de performance.

QUESTION 6 : LES DIRIGEANTS PRENNENT-ILS TROP DE RISQUE ?

P21 : Mettre véritablement en œuvre une démarche de *risk management* dans les entreprises et en particulier dans leurs instances de gouvernance.

P22 : Dans les cas des banques, les spécificités des risques appellent donc une implication supérieure et des compétences spécifiques des administrateurs.

P23 : Redonner une culture du risque à toute la ligne managériale d'un établissement financier comme dans les autres entreprises.

P24 : L'attribution de rémunérations variables doit se fonder sur des indicateurs diversifiés intégrant la performance commerciale mais aussi la conformité, le niveau de risque ou la satisfaction client.

P25 : Le comité des rémunérations du conseil ne doit pas s'intéresser qu'aux rémunérations des mandataires sociaux. Il doit prendre position sur la politique générale de rémunération de l'entreprise.

QUESTION 7 : LES DIRIGEANTS SONT-ILS RÉELLEMENT CONTRÔLÉS ?

P26 : Une définition légale de l'administrateur indépendant.

P27 : Une limitation du cumul des mandats d'administrateurs dans les sociétés cotées à 3 contre 5 aujourd'hui.

P28 : Des comités d'audit et de rémunération uniquement composés d'administrateurs indépendants.

P29 : Une désignation obligatoire des commissaires aux comptes par le comité d'audit.

P30 : Un accroissement de la diversité des conseils.

P31 : Une obligation de qualification sectorielle pour les administrateurs soit par leur expérience professionnelle, soit par de la formation.

QUESTION 8 : LES DIRIGEANTS FONT-ILS L'OBJET DE SANCTIONS ADAPTÉES ?

P32 : Dénoncer les sanctions inefficaces.

P33 : Se garder de privilégier la répression.

P34 : Élargir le préjudice réparable.

P35 : Multiplier le nombre des administrateurs indépendants.

P36 : Réguler les marchés.

P37 : Généraliser avec prudence la technique du « *comply and explain* ».

QUESTION 9 : LES DIRIGEANTS SONT-ILS TROP PAYÉS ?

P38 : Réguler les stock-options si on veut les préserver.

P39 : Privilégier le long terme dans les modes de rémunération.

P40 : Bannir les effets d'aubaine.

Bibliographie

AMF (2008). « Rapport sur le gouvernement d'entreprise et le contrôle interne ».

CHARAN R. (2009). *Owning up*, New York, John Willey & Sons.

DERWALL J., GUENSTER N., Bauer R., Koedijk K. (2005). « The Eco-Efficiency Premium Puzzle », *Financial Analysts Journal*, vol. 61.

ERKENS D., HUNG M. et MATOS P. (2009). « Corporate Governance in the 2007-2008 Financial Crisis : Evidence from Financial Institutions Worldwide », *Working Paper.*

GARRETTE B., DUSSAUGE P., DURAND R. (dir.) (2009). *Strategor*, Paris, Dunod, 5e éd.

GEORGE B. (2008). « Where were the boards ? », *The Wall Street Journal*, 13 octobre.

HOOGHIEMSTRA R., MANEN J. van (2004). « The Independence Paradox : (im)possibilities facing non-executive directors in the Netherlands », *Corporate Governance : An International Review*, vol. 12, n° 3, p. 314-324.

LAMARQUE É. et F. (2007). « Audit et contrôle interne bancaire : la gestion de référentiels multiples » *in* E. Bertin (éd.), *Audit interne : Enjeux et pratiques à l'international*, Eyrolles-Éd. d'Organisation.

LORSCH J.W., CLARK R.C. (2008). « Leading from the boardroom », *Harvard Business Review*, avril, p. 105-111.

MCKINSEY (2008). *Making the Boards More Strategic : A McKinsey Global Survey*, The McKinsey Quarterly.

OCDE (2009). « The Financial Crisis Reform and Exit Strategies ».

PORTER M.E. et KRAMER M.R. (2006). « Strategy and Society : The link between Competitive Advantage and Corporate Social Responsibility », *Harvard Business Review*, décembre.

SIMON P., RAMANANTSOA B., FAIVRE-TAVIGNOT B. (2007). « Entrepreneurs, profitons du développement durable ! », *Le Figaro*, 14 octobre.

WALKER D. (2009). « A Review of Corporate Governance in UK Banks and other Financial Industry Entities », HM Treasury.

Index

A

actionnaires 86
administrateur 89
  – indépendant 87, 103
AMF (Autorité des marchés financiers) 102
audit interne 75

B

Black et Scholes (modèle) 117
bonnes pratiques 86

C

class action 107
cogestion 35
comité d'audit 87
compétence 56, 89
comply or explain 109, 116
composition d'un conseil 59
conditions de performance 124
confiance 81, 95
conseil d'administration 55, 86
contrôle 96
  – interne 5, 76, 79
COSO (Committee of Sponsoring Organizations) 78
création de valeur 86
crise financière 86

D

délocalisation 32
développement durable 15
diversité 90
dividendes 44
dualisme 65

E

effet d'aubaine 124
employabilité 36

G

gouvernance 79

I

identité d'entreprise 13
indépendance 55, 89
innovation technologique 24
ISR (investissement socialement responsable) 20

M

mandat (cumul) 91

O

ONG (organisation non gouvernementale) 19

P

parties prenantes 11, 48
plan

– social 28
– stratégique 3
politique industrielle territoriale 38
prospective 9, 39

R

régulation 107, 116
rémunération 80
rentabilité 72
rentabilité-risque 87
répartition de la valeur ajoutée 32
responsabilité 97, 101
risk appetite 78
risk management 78
risque 69, 79, 120

S

sanctions 97
Sarbanes-Oxley (loi) 50, 92, 102
soft law 86
stratégie 4, 13

T

talent 121
transparence 50, 114

V

vision stratégique 4

Les membres du Cercle de l'entreprise et du management

Le Cercle de L'entreprise, créé en 2006, regroupe des experts de l'entreprise, majoritairement professeurs d'université ou de grande école.

Le Cercle de l'entreprise a vocation à travailler sur des problématiques liées à l'entreprise : par exemple la gouvernance d'entreprise, l'évolution du métier de dirigeant, la responsabilité sociale de l'entreprise, les nouveaux enjeux du management…

Les travaux du Cercle ont différentes formes : cahiers, rapports de travail, livres Le Cercle se donne aussi comme objectif d'intervenir avec réactivité dans le débat public pour commenter ou évaluer des faits d'actualité touchant à la vie des entreprises. Ses membres s'expriment régulièrement à travers des interviews ou des chroniques dans les médias.

À travers ces différentes actions, le Cercle veut promouvoir une meilleure connaissance de l'entreprise dans l'opinion publique, en expliquant le fonctionnement, les objectifs et les contraintes des entreprises, mais aussi en faisant ressortir les enjeux de façon objective et pédagogique. Le Cercle de l'entreprise tire sa légitimité de la totale indépendance de ses membres, ce qui lui permet de prendre la parole dans le débat public avec compétence et sans parti pris.

Ses membres se réunissent régulièrement lors de séances de travail au cours desquelles ils auditionnent des experts, des chefs d'entreprises ou encore des responsables politiques. Ils participent également à des voyages d'étude à l'étranger.

Jean-Pierre HELFER: président du Cercle de l'entreprise et du management; professeur des universités, directeur du master Marketing de l'IAE de Paris

Laurent BATSCH: président de l'université de Paris-Dauphine; directeur du master Management de l'immobilier

Jean-Pierre BOISIVON: conseiller spécial du président de la FNEGE; professeur émérite à l'université de Paris II

Frank BOURNOIS: professeur à l'université Paris II-Panthéon-Assas; président de la commission d'évaluation des diplômes et des formations en gestion (CEDFG)

Jérôme CABY: directeur général d'ICN Business School; professeur des universités

Alain COURET: professeur de droit privé à l'université Paris I – Panthéon Sorbonne; avocat associé

Stéphanie DAMERON: professeur à l'université Paris-Dauphine, directrice de la chaire «intelligence économique et stratégie des organisations».

Philippe DESSERTINE: professeur à l'université Paris X-Nanterre; directeur du centre de recherches Céros; directeur du master en sciences financières

Pierre-Louis DUBOIS: délégué général de la FNEGE; professeur à l'université Panthéon-Assas, Paris II; directeur du master Marketing et Communication des entreprises

Marie-Hélène FOSSE-GOMEZ: professeur à l'université de Lille 2; vice-présidente du CEVU

Jacques IGALENS: professeur des universités; directeur de la recherche, Toulouse Business School

Patrick JOFFRE : professeur à l'université de Caen (IAE) ; conseiller scientifique de l'École de management de Normandie

Éric LAMARQUE : professeur à l'université Montesquieu-Bordeaux IV ; directeur de la chaire « Management des entreprises financières » ; Consulting Partner SECOR Europe

Emmanuelle LE NAGARD : professeur de marketing à l'ESSEC ; titulaire de la chaire « Vente et stratégie marketing » ; déléguée générale de l'association française du marketing

Delphine MANCEAU : professeur à ESCP Europe ; directrice de l'Institut pour l'innovation et la compétitivité

Christophe MIDLER : professeur à l'École polytechnique

Bernard de MONTMORILLON : professeur à l'université Paris-Dauphine

Nicolas MOTTIS : professeur à l'ESSEC

Frédérique PIGEYRE : professeur à l'IAE Gustave-Eiffel ; directrice à l'Institut de recherche en gestion (IRG)

Christine POCHET : professeur et directeur de l'IAE de Paris

Lucien RAPP : professeur agrégé des facultés de droit ; avocat au barreau de Paris

Maurice THÉVENET : professeur au CNAM et à l'ESSEC

Jacques THÉVENOT : professeur à l'ICN – université de Nancy 2

Élisabeth TISSIER-DESBORDES : professeur à ESCP Europe

Éric VERNETTE : professeur à l'université de Toulouse 1 ; responsable du master conseil et stratégie Marketing

Daniel VITRY : professeur à l'université de Paris Panthéon-Assas ; responsable de la mission Université ; Caisse des dépôts et consignations

Pierre VOLLE : professeur à l'université Paris-Dauphine ; directeur du master en management

Contact : Valérie FOURCADE, Tél. 01 44 29 93 72, e-mail : fourcade@fnege.fr

Site Internet du Cercle de l'entreprise et du management : www.cercledelentreprise.fr

conception
réalisation
mise en page
pca
44405 Rezé cedex

N° éditeur : 4225

Dépôt légal : JANVIER 2022
Imprimé en Allemagne par BoD

www.ingramcontent.com/pod-product-compliance
Ingram Content Group UK Ltd.
Pitfield, Milton Keynes, MK11 3LW, UK
UKHW021044220726
13924UKWH00006B/2248